基金业务的螺旋闭环

银行基金业务宝典

戴鹏杰　潘珂◎著

经济日报出版社

序　言

随着社会财富的不断增加，家庭可投资资产数量与日俱增，普通家庭的投资需求与投资热情在不断被唤醒。基金是一种适应人群非常广泛的投资方式，也是普通家庭投资的良好选择，而基金公司作为基金产品的提供者，其销售渠道则多数依赖于传统银行。

围绕“基金投资”，基金公司、传统银行、基金投资者能够形成首尾相连的稳定三角，基金公司负责提供产品并管理资产，传统银行负责产品销售与客户服务，而基金投资者则提供资金并得到服务与收益。如果基金公司能够稳定盈利，整个链条都会滚滚向前——传统银行依靠渠道优势与客户覆盖度，不断向更多客户推广基金，而基金投资者在收益的刺激下不断增加投资金额。但很可惜，市场是多变的，特别是股权类基金的波动幅度非常大，基金业绩必然是变化的。因此，基金业务就陷入了怪圈，市场好，基金销售明显增加，基金投资者愿意投入更多资金；而市场差，基金销售一片惨淡，基金投资者谈基色变。从第一支开放式公募基金问世后，传统银行陆续开始基金代销业务，十几年来，这个怪圈犹如魔咒一般，一直无法打开。

市场波动呈周期性，长期看震荡上扬，同期社会财富也在增长，投资者教育也在进行，但股权类基金规模，并没有同步增长，故，基金业务目前的发展态势不能仅仅用一句“市场涨跌”来解释。怪圈如何打破？银行和基金公司都是积极的，如果有更多投资者愿意投资，且长期不间断，则“稳定三角”形成。

投资者如何引导与发展呢？目前最常见的方式，是运用各种宣传媒体的力量，不断宣导资产配置思想与长期投资思想，让大众能够接受并愿意实践，进行长期投资。无论理论、理念还是逻辑，这种方式肯定是正确的，但为什么多年的宣导后，效果并不明显？本质的原因，这种高度的投资思想，是反人性的。“人是短视的动物”，虽然这样的判断不好听，却是事实，人们很难为了远大的目标而抛却短期的诱惑，例如，多数人都认为肥胖不好，但当一桌美食在眼前时，能够坚持目标的人只是少数。长期投资思路只有小部分投资者能坚持，多数都是大涨时红眼杀入，下跌后黯然离场，并立誓再也不投资。从投资的时机而言，在市场下跌后入市，总有更大的概率赚钱，只是在这种时刻，理论的宣传总是敌不过现实的恐惧。

应该怎么做？在实践中引导与陪伴。投资心态是一种历练，不是靠言语就能领悟，需要一次又一次的经历，无论是赚钱还是亏损，经历得多了，自然能够体会。同时，在投资经历中，如果能够小有利润，自然可以激励自己不断地尝试。银行客户经理引导并陪伴客户从对未知事物的“无端恐惧”，到经历过后的“不过如此”，这种引导帮助更多的普通投资者认识投资的世界，了解其中的兴奋与痛苦，了解其中的起起落落，才能不被牛市的疯狂所蒙蔽，也减少被熊市的绝望而惊退，并且不断开拓投资者的眼界与心态，从更高的维度看待投资市场，有能力持续站在市场里。

当越来越多的普通家庭有财力投资，市场才能更加繁荣，当越来越多的进阶投资者有能力进入市场时，市场才能更加理性。当这样的过程不断推进时，基金业务才能大踏步向前。这种引导与陪伴，是传统银行的优势与责任，因为传统银行与普通投资者有更多的接触、更多的信任，同样也肩负起投资者教育的重任。事物总是螺旋上升的，事物从起点到终点，看似回到了起点，却是更高层次的起点。

普通投资者的进阶就是一次又一次的投资经历，也是一次又一次的螺旋上升。当我们从基金业发展的角度来看，会发现之前十数年的基金发展模式是在单腿走路，一直向前猛冲，却缺少了形成发展的螺旋闭环。本书从传统银行基金业务发展的基本逻辑，讲述了两条银行代理基金业务发展的完整而行之有效的道路，适合银行零售条线管理者与营销者的学习与实践。

本书一共七篇，可分为四个部分：第一部分由第一、二篇组成，从基金业务发展的角度，分析目前困境及原因；第二部分由第三、四、五篇组成，详述银行代理基金业务发展的第一条路，适合精英团队执行；第三部分是第六篇，详述第二条路，适合所有银行网点执行；第四部分是第七篇，从基金业务发展的时间维度，描述了各阶段的困难与解决方案。

由于笔者水平有限，书中难免有诸多谬误，望读者不吝指正，万分感激。

戴鹏杰

目　录

第一篇　银行业务发展的螺旋闭环……………………………1

第 1 章　银行业务发展的逻辑重构 ……………………………… 3

第 2 章　闭环的连接处是螺旋上升的关键节点 ………………… 7

第 3 章　基金代理业务的正确“打开方式”……………………… 10

第二篇　银行代理基金业务的困难与原因………………… 13

第 1 章　基金业务发展困惑之管理层问题 ……………………… 15

第 2 章　基金业务发展困惑之员工问题 ………………………… 22

第 3 章　基金业务发展困惑之客户问题 ………………………… 26

第 4 章　基金业务发展困惑之市场问题 ………………………… 32

第 5 章　基金业务发展困惑之基金投资观点错误 ……………… 37

第 6 章　银行基金营销模式转变 ………………………………… 47

第三篇　银行基金业务开展的八字功法…………………… 53

第 1 章　内功心法——“少赚多次”……………………………… 55

第 2 章　外功心法——“团队进出”……………………………… 61

第 3 章　基金代销链中的利益立场 ……………………………… 71

第 4 章　银行应该怎样选择合适的基金公司深入合作? ……… 75

第 5 章　如何有效降低客户的基金单次投资收益率预期 …… 78
第 6 章　依据什么进行基金的买卖点投资操作 …… 81

第四篇　基金亏损、基金诊断与长期维护 …… 87

第 1 章　重获基金亏损客户的第一步：重新认识基金诊断 …… 89
第 2 章　基金诊断的流程与要点 …… 106
第 3 章　基金售后工作与长期追踪要点 …… 114
第 4 章　银行营销人员对待基金业务的心态 …… 120

第五篇　资产配置与基金组合 …… 127

第 1 章　资产配置的三重境界 …… 129
第 2 章　如何说服客户相信并接受资产配置？ …… 136
第 3 章　91% 的投资收益来自资产配置？ …… 141
第 4 章　调整资产配置比例的规则一：经济周期来判断市场大趋势 145
第 5 章　调整资产配置比例的规则二：深入研究技术分析方法，判断中期趋势 …… 152
第 6 章　调整资产配置比例的规则三：广泛研究基金产品，判断更优质的基金 …… 157

第六篇　基金定投是最好的开始与持续 …… 159

第 1 章　基金定投业务中的常见误解 …… 161
第 2 章　基金定投业务的正确“打开方式” …… 164
第 3 章　基金定投发展模式的两个支撑条件 …… 170
第 4 章　基金定投为什么可以大概率赚钱？ …… 173
第 5 章　基金定投的基金筛选 …… 176
第 6 章　基金定投如何止盈？ …… 181

第 7 章　定投是真正让财富整体快速增长的法宝 …………………… 184

第七篇　基金业务的共赢繁荣发展……………………………………189

第 1 章　银行、基金公司、客户的共赢发展 ……………………………… 191
第 2 章　银行基金业务发展的两条路径与统一 ………………………… 194
第 3 章　银行基金业务开展的层次与路径设计 ………………………… 198

part 01

第一篇 银行业务发展的螺旋闭环

从 2001 年的第一个开放式基金开始，银行就渐渐产生了代理基金业务，在漫长的 17 年中，不同银行走出了不同的道路，但绝大多数银行的代理基金业务是比较边缘化的。为什么会被边缘化？业务的收入占比低，业务发展受市场大势影响巨大，业务推动的难度大，后续产生的问题较多，等等。

那么不同银行解决这些老大难问题的情况如何？在所有银行中，严格来讲，只有招商银行与部分外资银行可以排在第一梯队，全国股份制商业银行与全国四大行排在第二梯队，城商行、农商行在第三梯队。位于第二梯队及以下的银行，在经过十几年的基金业务推动发展之后，依然没有一个稳定繁荣发展的机制与管理方式，不得不说，这里有非常深的内涵与原因。

第 1 章　银行业务发展的逻辑重构

任何银行业务的发展，都有三方面因素的制约与影响，客户（接受程度）、员工（专业技能）、管理层（管理与推动方式），在业务发展的过程中，三者呈现一种螺旋、交替上升的状态。

图 1–1　螺旋上升线：管理层、员工、客户

当新业务、新产品诞生时，首先由管理层启动，层层传导到一线员工，员工在经过多次培训与行政业务要求后，开始向熟悉的客户推荐，部分客户基于对一线员工的信任，愿意用部分资金进行初次尝试；如果尝试结果良好，产品按预期对付本息，那么客户对产品产生信任，并愿意用更多的资金投入产品，同时客户的良好反馈对一线员工产生正面影响，并且员工更有信心去营销更多的客户，而管理层在得到基层的良好反馈后，愿意用更多资

源去拓展此项业务；如果第 2 次、第 3 次的产品体验依然良好，那么此项新业务、新产品就会以相互促进的方式，呈现螺旋上升的态势。

几乎所有的产品推广，都遵循这种三方螺旋上升的模型。我们以几种常见的银行产品推广历史作为案例进行简单分析。

安全例子：理财产品

在此项产品推出之初，多数大众只认存款与国债，客户接受程度低。那么这个产品是如何快速发展的呢？银行方自上而下地传导。管理层要达成一致，并结合多种推动方式、宣传方式等，让员工了解熟悉产品，并向客户进行介绍与推荐。部分客户抱着对银行员工的信任与对新产品试试看的心态，尝试购买一些，在产品到期并拿到预期收益时，客户的接受程度明显上升，同时，员工在看到产品与预期相符，则营销信心明显上升，营销效果显著增加，并且管理层在看到推动效果明显后，也增强了自身的信心，继续加大力度推动业务向前。在三位一体的螺旋、交替上升后，客户、员工、管理层完全接受了理财产品，并使之成为一个日常产品，而整个客户群体也在这种模式下，逐渐接受了理财产品。虽然部分银行的部分理财产品出现过未达到预期收益的情况，但在绝大部分银行的刚兑政策下，理财产品的推进工作是滚滚向前的。

稍有波折的例子：信用卡

信用卡业务诞生时间很早，但真正的发展是在吹响拉动国内消费号角的近 15 年。在产品推出之初，信用卡的客户接受度同样很低，因为中国人一直不习惯借钱消费，更提倡量入为出的消费方式。在银行自上而下地推动信用卡业务后，首先由员工接受并学习多种营销知识与技巧，并向熟悉的客户开始推荐，在客户使用体验之后，并在多种信用卡优惠政策刺激之后，慢慢培养出使用习惯，且在多个月成功还款无任何问题时，客户接受度明显上升。而员工在自身体验使用并接收到客户正面反馈后，对产品的认可度提升，并更愿意进行产品推荐推广，而管理层在业务顺利推进的激励下，不断加大产品推广力度，扩大客户范围，从而进入新一轮的螺旋交替上升。信用卡业务中，虽然也有一些问题，例如部分客户由于还款不及时造成损失，部分客户成为老赖不还款，等等，但整个社会对信用卡的接受度是不断上升的，信用卡业务也是趋势上升。

有过挫折的例子：保险

保险业务一直是保险公司与银行渠道并行的过程，由于历史原因，保险公司的经营方式、客户服务模式以及保险从业人员的整体素养不高，造成了整个社会对于保险的观念比较负面，客户接受度不高。和理财产品和信用卡的推广类似，在银行管理层的推动与各种激励下，员工开始向客户推荐保险产品，但在 2012 年之前，趸交型理财型保险产品几乎没有，其他保险产品的体验反馈周期很长（期交类产品一般 3 年或 5 年以上，长险可以在 15 年以上），且在反馈周期中，出现了许多不和谐的声音，例如某某保险公司的某某保险产品没有达到当初承诺的收益率、某某保险产品出现理赔困难等等，这使得螺旋交替上升的闭环无法实现，所以保险产品的营销推动只能靠讲道理（资产配置、风险防范等）与给激励（高额的营销刺激），但业务发展很难大幅、稳步上升。在趸交型理财型保险产品出现后，客户的体验反馈周期一下子缩短到了一年，且由于在保单的现金价值中注明了到期收益率，客户的接受度、员工的营销信心、管理层的推动坚决性都得到了极大的增强，实现了螺旋交替上升的闭环，保险业务出现了跨越式大发展的黄金时期。但这些理财型的产品毕竟不是保险的本源，在出现金融风险苗头的情况下，监管部门及时压缩了这类产品，但同时也导致银行保险业务重新回到了原先的轨道上。

从以上三个例子可以看出，一项银行业务的推动过程中，一定要客户、员工、管理层三者对产品的认可度螺旋、交替上升，而这种发展闭环的发生必须有体验、反馈闭环的产生，即要关注产品从购买到结束的整个周期。这个体验反馈周期的时间长短，决定了业务发展的速度，而体验反馈的效果（正面或负面），决定了业务发展的顺利程度。同样，继续罗列其他银行业务，从体验反馈周期的时间与效果两个维度来观察解析业务发展的情况（如表 1–1）。

表 1–1 银行产品的体验反馈情况

业务名称	体验反馈周期的长短	体验反馈的效果	业务发展速度	业务发展顺利程度
存款	可短可长	正面、稳定	较快	非常顺利
电子银行	短	正面、稳定	快	非常顺利
黄金交易	可短可长	正负面兼有	有爆发，有下滑	较不顺利
实物黄金	长	正面	整体慢	较顺利

几乎对所有的银行业务都可以列出这样的表格，也可以从中看到相似的规律。发展迅速而顺利的业务，基本都有“客户体验周期短、产品体验反馈正面稳定”的特征，而发展缓慢的业务，则至少其中之一存在问题。

第 2 章　闭环的连接处是螺旋上升的关键节点

在业务发展的螺旋上升闭环中，每一部分的良好反馈都会推动下一阶段的前行，如果每一部分都能正常连接，则闭环不断滚动向上，但其中一环被打断，则闭环崩溃。

三者的相互连接中，一共有三处关键连接点，即**管理层与员工的连接推动、员工对客户的连接推动以及客户反馈对管理层、员工的影响**，而此三处连接点只要有任何一处不通，则业务发展都会受到极大的影响，甚至是倒退。

连接点 1：管理层与员工的连接推动

此连接点的断裂，多数是由于管理层的业务推动力出现衰退。

管理层对于银行业务的发展是整个链条中最先知先觉者，但多数银行的零售条线业务的指标非常繁杂，而领导层对于业务发展的思路是会调整的，即某些业务在某些特定的时间段内会被提升到非常高的地位，各种考核督导、各种精神物质的奖励，会不计成本地向这些业务倾斜，从而让业务以非正常速度、爆炸式增长。但随着领导层注意力的转移，业务的推动力会以几何倍速下降，造成一线员工减少或停止原有业务，去推动、追求新的产品业务发展。可能一段时间后，领导层的注意力又回到了此项业务，资源倾斜、考核督导等方式重新开始，业务又进入新一轮快速增长。

重点业务、重点产品肯定会随着领导层的战略方向进行调整，但这种调整不应该“一刀切”，也不能出现太重大变化。虽然银行体系的执行力很重要，领导层指向哪里，就应该冲向哪里，但基层员工对于产品、业务的熟悉与技能是有培养与积累过程的，过于频繁的转向，会造成基层员工技能的巨大浪费与损失。保持适度的业务方向稳定性与奖励一致性，会让一线员工的业务能力得到持续稳定的提升。

连接点 2：员工对客户的连接推动

此连接点的断裂，主要是由于员工对产品与相关的营销技能缺少了解，以及缺乏足够的业务目标与业务奖励。

从银行的业务传导链条而言，一线员工是银行管理层与客户之间的桥梁，他们的热情受到两方面的影响：一方面是员工如何在得到产品信息后，经过自己的分析与具化，向不同特征的客户群体进行传导，这种分析与具化的能力，就是产品了解度与营销技能。另一方面，如果没有足够的业务奖励激励，也很难让非常繁忙的一线员工有足够的热情去推动业务的发展。

这两方面是相辅相成的，当产品熟悉与营销技能在培训与宣导的推进下，营销难度降低，营销效率提升，员工在单位时间与单位精力内，可以获得比以前更大的业务奖励，但随着员工营销技能的普遍上升，单位业绩的奖励会缓慢下降，最终将一项新业务变成常规业务。如果业务的发展出现反复，则业务奖励必须及时跟进，否则相应业绩会出现快速下滑。例如，保险业务在出现某些产品无法兑付当初口头承诺的收益率时，客户的投诉会大大降低一线员工的营销热情与业务推动速度；基金业务在牛市过后，业绩也会出现断崖式的下跌。

因此，针对员工的培训与激励，应该随着业务推进的顺利程度而不断调整，以确保业务按计划进行。

连接点 3：客户反馈对管理层、员工的影响

此连接点的断裂，主要与产品的反馈周期与反馈效应有关，也与一线员工的全流程服务有关。

不同的产品，反馈周期有很大的不同。手机银行、网上银行可以做到

第一次使用时，就有良好反馈；信用卡、短期理财产品可能只需要一个月；而理财型保险、存款等可能需要一年。有些产品的反馈周期可长可短，比较明显的产品基本都是投资类，比如黄金 TD、纸黄金、基金、外汇，等等。而反馈效果的正面与负面，反馈效果的稳定性，是客户对产品的接受度提升的关键。部分产品的反馈效果稳定而正面，则产品能够快速得到客户的信任，如果反馈效果正面但不稳定，业务推进会有困难但可以持续发生，但如果反馈效果负面，则业务推动非常困难。

一线员工的全流程服务是客户反馈的重要推动力量，特别是有明显售后服务周期的产品，全流程服务显得尤为重要。多数银行的产品都是一次服务，一旦完成交易，之后的问题基本不用再考虑了，同时绝大部分的业务奖励政策也都是针对最初的销售。这使得多数银行的一线员工与部分管理层的行为养成了习惯——**只关注产品销售前的动作**。虽然也会在不同的场合宣扬“售后服务”的重要性，但基本都停留在口头，没有什么实质性的目标或激励措施，而一线员工也只能靠自觉性与客户维护的基本要求来执行“售后服务”。那么，那些需要长期、全流程服务的业务，只可能是运动式的发展，而没有全局、稳定的进步。

从三个连接点的角度看，前两者都可以通过银行体系内部的改良与调整完成牢固连接，但第三个连接点却是最难、也最容易被忽视的。这也导致很多银行重视的业务始终很难发展得很好，因为一旦在业务发展的螺旋上升闭环的一个连接点被生生打断，那么整个业务都会缓慢、停滞。

第3章　基金代理业务的正确“打开方式”

作为一项银行代理业务，我们也可以在基金业务发展中看到相似的结果。在过去的十数年中，各个银行陆续开展了基金业务，作为零售条线中的重要产品，基金却一直在业绩上呈现边缘化的情况。除了2006–2007年与2014–2015年两次牛市中，银行的基金代理业务呈现井喷的状态，其他年份都是“怒其不争”的情况。从基金业务的本身而言，受到资本市场的影响是很正常的，但作为一项长期业务、一项全银行体系都在主推的业务，没有一些业务持续发展的思路与方法，是不正常的。在局部环境下，有一些基层网点在此项业务上表现稳定而突出，但由于管理层的意识思路、基层网点员工的低调以及强调了业务发展的个人能力影响，最终没能形成可推广的业务发展方法论。

那么，我们从银行业务发展的螺旋上升闭环模型来看，基金业务到底在什么环节出了问题。

在第1连接点中，管理层对员工的推动环节看，是不存在明显问题的，特别是在保险业务受到挑战后，很多银行的顶层都提出了类似“基金战略年”的政策与导向，经过逐级传导后虽有衰减，但在基层也刮起了基金的风潮；同时，在基金业务的奖励上也是争相提价，奖励的力度不断上升，甚至拿其他业务的收入来推动基金业务的快速发展。

在第2连接点中，员工对产品的熟悉程度是非常高的，经过了十数年连续地培训与宣导，经过了两轮牛市的洗礼与参与，无论员工对基金是爱是恨，对其了解程度是非常高的；当然，2015年之后新入职员工对基金可能较为陌生，原因可能是市场的下行，基金业务出现大踏步后退，基层网点的关注度下降，而部分未大规模开展基金业务的城商行与农商行员工，也会存在基金熟悉度不足的问题，但这种问题是可以通过短时间的集中培训宣寻与老员工的“传、帮、带”进行解决的。

问题出在第 3 连接点中。基金业务一直按“长期持有”的理念进行推广，体验反馈周期很长，而且由于中国股市的“牛短熊长”使得体验反馈效果可正面可负面，且受到市场的影响较大，就会出现业务发展有爆发期也有沉寂期，且业务发展整体很不稳定顺利。客户的反馈机制就被生生打断，造成业务发展的停滞甚至是倒退。

那么如何能够让基金业务也能既快又稳定地发展呢？核心的问题就是缩短体验反馈周期、增强体验反馈效果。本书第三至七篇章，将提出的各种方式与做法，都是围绕着这两个问题展开的，“减少客户的收益率预期”“减少基金持有的时间”“少赚多次、团队进出”的八字功法、基金定投可以及时止盈出场，等等，都在缩短体验反馈周期与增加体验反馈效果上着力。同样，只要抓住这两个业务发展的核心要素，也可以进一步提出促进业务高速、稳定发展的新方法，例如管理层应该如何指导、调控业务的发展进程，应该如何及时指出业务发展的关键问题并给予正确引导与要求，员工应该如何沟通客户缩短周期、提升体验，等等，这些问题在第七篇中体现。

part 02

第二篇 银行代理基金业务的困难与原因

在经济运行缓慢复苏的过程中，金融脱媒、金融去杠杆、金融监管日益加强的同时，银行的黄金时代似乎已经过去了。在利率市场化的大势所趋、互联网金融的科技领先下，传统银行的利润空间一直被无情压缩，使得银行开始寻找原来不被重视业务作为新的利润增长点，而零售业务正是在这样的风潮下，被赋予了提升银行整体收入的重任。当传统的存贷差被压缩后，以代理业务为核心的中间业务收入，成为了很多银行领导的重视点。保险、基金、黄金，这“两金一险”，一直是中间业务收入的核心组成，而保险由于前几年的保险新业务（理财型保险）出现，实现了井喷式的增长，但在监管部门的强力要求下，理财型的保险被严令压缩，而保障型保险又无法快速上量，使得保险业务产生的收入可能会在短期内有较大幅度的下降，因此基金有很大的可能成为新一轮的业务增长宠儿。

但代理基金业务已有十数年的发展历史，各种基金业务的推动方法也被尝试了无数遍，可基金业务依然大起大落，发展不顺。到底是什么原因导致整个基金代理业务陷入这种魔咒？任何长久问题的发生与延续都不是几个简单原因可以描述的。上一篇章，作者从银行业务发展的基本理论模型出发，得出“业务反馈周期”与“业务反馈效果”两个条件是影响业务发展的核心问题的结论。而本篇章，则专注基金业务本身，从影响基金业务的四个方面进行全面的分析与解剖，提出银行代理基金业务的核心理念，为整体构建科学合理的业务框架奠定基础。四个方面分别是银行业务发展的三个要素（管理层、员工、客户）以及基金业务特有的资本市场本身，如图 2-1。

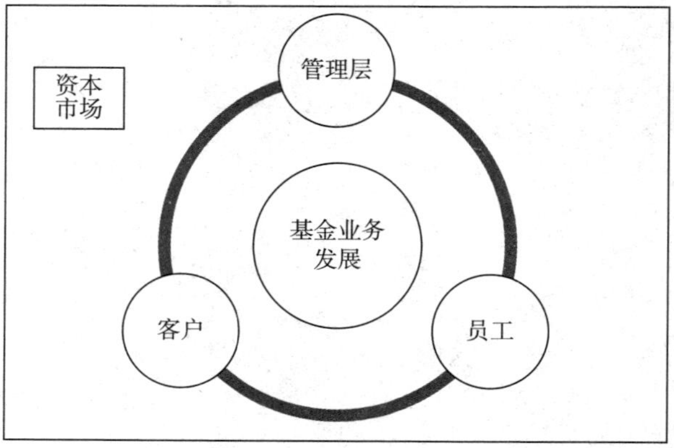

图 2-1　影响基金业务发展的四种因素

第1章　基金业务发展困惑之管理层问题

对于银行基金业务的管理层而言，核心的问题是在于对基金业务的特殊性与发展方式思考有误，将基金业务简单地与其他银行业务进行类比与借鉴，导致一系列的发展战略与业务政策的问题。

问题1：基金业务与其他银行业务的发展关键点区分不清

问题2：基金业务的发展目标与导向有偏差

1.基金业务的发展关键点是什么？

基金业务的营销与其他业务有很大的不同。保险与实物黄金，营销难在销售前，而基金难在销售后。保险在营销时会有诸多困难，但销售后一般问题不多，虽然前几年有保险客户对保险收益不满意的问题，但归根结底是营销过程中过分夸大了保险的收益，而忽略、减弱了保险的保障属性，经过营销规范的过程，是可以解决的。实物黄金则更多是客户对于黄金制品的喜爱，虽然黄金的价格会有波动，但黄金制品本身的送礼、收藏、装饰等属性，也会让客户得到不同角度的满足。唯独基金，在营销前可以很容易通过收益的诱惑完成销售，但购买后能否盈利、购买后的持续维护手段是否有效，以及是否有再次营销的机会，都难以把控。因此，基金的销售重点与其他两项的重点截然不同。

基金业务的发展关键点在上一次基金销售的盈利情况与结束时间：

基金业务要做好，不在于有多好的话术，不在于有多棒的活动，也不在于是否全员营销。虽然这些话术、活动、员工数量，都会在短期内产生比较明显的推动作用，但能够持续扩大基金业务的因素是基金能够大概率给客户赚钱。如果上一次基金营销最终是赚钱的，那么此次基金营销将会无比顺利；如果上一次基金营销最终是客户亏损，那么此次基金营销将无比困难。同时，上一笔基金业务不结束，那么第二笔基金购买只能是在第一笔赚钱的情况下才有可能发生，而且由于已经有基金投资了，那么基金营销本身会更困难。

从银行业务的“螺旋上升闭环”的理论来看，客户的反馈周期长短与反馈效果好坏是业务发展能否不断扩张的关键点，对应于基金业务就是客户购买基金后，何时结束与收益情况。如果持有时间短，则客户反馈环运行更快；如果收益情况好，则客户反馈效果好，业务规模扩大迅速。

故从银行基金业务管理者的角度，在思考如何做好基金业务的时候，第一要务不是去培训如何话术、推广话术、背诵话术，甚至不是积极发掘基金潜在客户，而是应该思考如何提高基金销售的成功率，或者说是让客户赚钱的概率。注意，这里是指“赚钱的概率”而不是“赚钱的多少（收益）”。

1.1 胜率 VS 收益

投资中的胜率与收益，就如鱼与熊掌一般是无法兼得的。我们要如何取舍？在多数趋势类投资中，多数选择了“低胜率＋高收益”，一般赚钱的概率在30%左右，即10次里面有7次是要亏钱的，而只有2–3次是赚钱的，但由于赚钱时的收益率很高，基本都能覆盖所有亏损，因此整体收益率非常可观。另一种则选择牺牲每一次赚钱的收益率，而尽可能提升赚钱的次数，即为“高胜率＋低收益”。通常的做法是尽量在成功率高的情况下投资入场，在有一定收益率后主动选择撤离，通常最后的总收益率还不如前者高。那么，有没有“高胜率＋高收益率”呢？非常难，一般需要非常高的专业投资能力与水平，不太适合在众多的理财经理中推广。

那么，这两种方式，我们应该如何选择呢？考虑到银行客户投资者本身的心理与承受能力，建议采用“高胜率＋低收益”。虽然我们都希望能够获得更高的投资收益率，但获得与能力是相关的，投资能力、投资素质不足时，骤然获得较高的收益率，并不是一件好事，一般会极大地引发投资者的贪念，出现“大幅增加投资本金”或“大大提升预期收益率”等错误决定，造成不可预计的后果；同时，“低胜率 + 高收益”这种做法，需要投资者在亏损时有一颗非常强大的心，能够在连续多次亏损之后，依然相信银行，相信理财经理。这些要求，在普通银行客户身上，很难实现。多数的实际情况是，只要亏损一次（特别是第一次投资），客户可能就如受惊的兔子般缩回去，不再相信投资，不再相信理财经理，这对于后续维护客户、拓展多元业务是非常不利的。

因此，“低胜率 + 高收益”的方式更适合高段投资者或者是银行员工自己投资，而“高胜率 + 低收益”则是长期银行一线基金营销最好的方式。

1.2 胜率不是收益

基金营销中，我们经常会把“胜率”与“收益”这两个概念混淆，也把这两种需求混淆。银行普通客户的需求究竟哪一种，是经常赚钱还是一次赚很多？对绝大多数客户而言，并没有非常明确的收益率预期，也不是非要20%以上的高收益，在投资的最初仅仅是希望“能赚钱就好”，可能是受到了银行营销人员的劝说，也可能是受到了周围人大幅收益的诱惑，他们才会慢慢放大了自己的贪欲。

如果有道选择题，在为期一年的投资中，你喜欢如下哪种情况？

情况 1：一直持有基金，最终获得了 10% 的收益

情况 2：多数时间在空仓状态，只有几次交易，最终获得 8% 的收益

很多人看到两个选项时，会毫不犹豫地选择第一种情况，可能有一小部分人会考虑第二种。但需要注意到，在简单的选项中，其实隐藏有非常丰富的信息。选择第一种的人，看到了开头与结果，觉得这样的投资可以接受，而且中间也不用去管理，即省心又省力，最终还是好结果，这是最棒的过程了。但这样的人，似乎忽略了中间的各种艰难困苦。在一年的持有过程中，有可能曾经达到过 30% 的收益，但由于没有关注或期待更高的收益而放弃了及时止盈退场，最后收益不断减少到 10%；也有可能，曾经亏损达到了 20%，多少个夜晚不能入眠，担心明天的到来会带来更大的亏损，多少次鼓起止损的勇气，却又不甘心巨额的亏损，选择了当“缩头乌龟”，还给自己找了个漂亮的借口——“长期投资”。这些痛苦都是非常常见的，也是普通投资者不愿意承受的（感叹人类的顽强生存意志，即使是一个白发苍苍的老大爷在牛市高点冲入自己的养老钱后，面对40%以上的亏损还能每天微笑生活）。而第二种情况，虽然最终的收益并不高，但由于每次投资的时间并不长，中间的煎熬并不久，对普通投资者与银行一线营销人员的考验不会太久，整体体验要好上几个台阶。

也许有不同意见，认为如果第一种情况的收益足够高，比如20%、30%，甚至100%，有的客户愿意承受中间过程的痛苦。我们必须承认，这种情况是有可能的，但也要看到另一种情况，就是在一年的等待后，亏损是20%，客户可能需要几年时间才会慢慢回复本金。长期的等待并不一定是好的，也可能是长期的煎熬。也许会有人认为，长期的投资有稳定收益的可能性大，但请注意，这个“长期”可能是3年、5年，甚至是7年（2007年牛市高点购买的客户，有的真的等了7年才解放），又有多少人能够在这么长的时间中依然坚信曙光会到来？

因此，长期持有而获得不错的收益（不一定是收益），与短期投资并有较高的赚钱概率但收益一般，对于普通投资者而言，后者更佳。前者的“心理成本”很高，后者的体验更好，而银行的基金营销人员，更应该坚定地选择后者，毕竟客户的良好体验是银行抓住客户的关键。

1.3 尽力给客户多赚收益，是否正确？

在银行培训多年的服务信念洗礼下，“以客户为中心”已经是多数银行一线营销人员的座右铭了，而在给客户做理财时，“尽量多赚点收益”成为客户服务的主旨之一。让客户将存款变成理财产品，让活期存款变成每日可以支取的理财产品或货币基金，都在践行着这一宗旨。同时，银行营销人员也将“尽量多赚点收益”变成了吸引客户多来本银行办理业务或吸引他行存款资金的法宝。因此这句话慢慢深入、渗入到了银行客户服务的诸多方面。但这里要指出，“尽量多赚点收益”这句话是在风险可控的前提下执行的，一旦“多赚收益”的行为导致风险增大，那就要仔细思考一下是否值得了，特别是在基金投资中。

而银行人员一厢情愿地为客户“多赚点收益”，很可能忽略了客户的真实需求，反而会造成好心办坏事的结果。首先，客户来到银行进行理财时，并没有要求多高的收益率，因为银行本身的理财观念相对于其他金融机构就是比较保守的，客户也默认了这一点；其次，客户若真需要相对高收益的产品时，其实市场上有很多类似的选择，即使是合法规范的产品渠道也有很多选择，就不会选择银行的相关产品了。银行营销人员应该尊重客户的基本理财需求，不能一味地提升收益率预期，这样做不但会最终失去客户，也让自己饱受挫折。

风险与收益是伴随成长的，当银行营销人员希望为客户多赚点收益时，已经无形之中放大了风险。这里有两种情况会导致收益预期过高。第一种，在投资之前，已经设立了高收益率预期，第二种是在行情的演进中，认为行情会持续，从而不断地改变收益率预期。两种情况都不好，但后者的危害更加可怕。一般而言，在买入时作出的决策相对理智一些，而后期因为市场的火爆、周边人的赚钱效应或者自我信心的不断膨胀，临时修改当初的决策，多数是错误的。因此，无论市场给予的最高收益率是多少，对于普通投资者而言，不能轻易修改自己的最初收益率预期。如果市场能够继续赚钱，应该是在赎回后再思考是否要再一次进入市场。

对银行营销人员而言，客户产生过高的收益率预期是不合适的。多数客户的心态是贪婪的，在第一次获得较高的收益率后，一般会预期第二次、第三次能获得更高的收益率（至少不低于第一次），所以，银行营销人员将面对客户一次又一次的期待，期待能赚到更多的收益，而银行营销人员为了不让客户失望，一次又一次地透支自己能力的极限，将客户的基金投资置于越来越危险的境地。

无论从客户需求的角度，还是从银行本身的理财投资为出发点，以及考虑银行一线营销人员的投资能力水平，都决定了不能在基金投资中，心存“为客户多赚点更好”的想法。

2. 基金业务的发展目标与发展导向

银行的基金业务发展收入从哪里来？两块收入——基金的申购/赎回费与部分基金管理费（尾佣）。其中，基金的申购/赎回费是业务收入的主要来源。

那么，结论就非常明确，**基金业务的发展目标是基金销量**。但银行基金业务的管理层，在实际做法上却与目标大相径庭。

以基金销量为最终目标，有两大方法，第一种是让更多的客户投入更多的资金，第二种是让客户的资金提高使用效率。

2.1 以“投入更多资金”为途径的方法

一般有两类方法，其一，提升单一客户在基金投资上的资产比重；其二，扩大客户范围，让更多的客户愿意进行基金投资。这两类方法都是目前银行的基金业务管理层的主要方式。

在“提升单一客户的基金投资比例”的方法中，一般都在已经购买过基金的客户中进行宣传与推荐，主要运用“资金配置”等理财理念进行沟通说服，让客户提升股权类投资的比例，从而增加基金的投资。可惜，单纯的理念说服是很难快速见效的，只能通过一次又一次的运动方式与持续培训，让一线营销人员不断地向客户进行理念输出。当然，随着全社会的财富增长，越来越多的家庭有能力进行投资，而各种媒体舆论也在向大众进行理财观念的灌输，在客观上也帮助了银行营销人员对客户的说服工作。

点评 理念的提高，固然能够增加一部分的基金投资资金，但如果投资之后的结果并不好，就不会有更多的资金愿意投入。因此，各大银行在这条路上一直是艰难前进，效果却一直不尽人意。只有对基金投资进行全流程的管理，让基金投资形成闭环，才能让客户更快、更愿意地增加资金投入。

在“扩大基金客户范围”的方法中，银行的管理层也是想尽了办法。在各银行的客户管理系统中进行查询，多数银行的VIP客户群体中，有基金持仓的客户，一般不足总数的10%，甚至有些银行不足1%，这些数字深深刺激着银行管理层，让他们认为只要略微提升一下比例，基金业务就可以“飞天”了，所以以各种方式要求一线营销人员不断加大存量客户的基金营销工作，以“VIP 客户需要全面的资产配置”为指导思想，希望更多的客户能够加入“基金配置”的行列中。

点评 “每位客户都需要资产配置”是非常正确的观念，但实现观念的转变是一个漫长的过程，而且在现实与市场的多种考验之后，还会出现多次的反复与波折。而大面积的铺开客户，没有大面积配置基金售后管理，将是客群维护、客户拓展的灾难。另外，对于某一个银行，可能有基金配置的客户比例非常低，但客户毕竟不只是一家银行的客户，很可能在多家银行都是 VIP 客户，那么不在这家有基金持仓，可能在别家银行购买过基金，因此不能简单地理解为持有基金的客户很少。

2.2 以“提高客户的资金使用效率”为途径的方法

在这点上，银行基金业务的管理层是比较少着力的，因为要“提高客户的资金使用效率”必然要进行深度的管理，特别是针对投资类的产品。

其实在“提高客户的资金使用效率”的方法上，有效果非常好的途径，大有可为。1 个网点要产生 1 亿的股基销售，如果需要 7000 万以上的资金，那是一种巨大的失败与浪费，而如果只需要 3000 万以下的资金，则是非常让人欣喜的，这代表着这些资金对于银行，可以有一年 1.5%（基金中收）×1 亿 /3000 万 = 5% 以上的收入。

同时，对于多数银行而言，存款是根本任务，把存款换成其他产品存在，本身就有些不愿。但如果能够在一定程度上提升基金交易的频率，那么就能达到两全其美的效果了。当然，要提升基金客户的资金使用效率，全流程管理是必要条件，否则一切都是空谈。

第 2 章　基金业务发展困惑之员工问题

银行员工作为基金业务的执行者，是银行管理层与客户之间的桥梁。从员工的层面来看，无非就是“意愿”问题与“技能”问题。

从“意愿”的角度看，基金业务毕竟只是零售业务中的一小部分，在整体 KPI 的考核体系中比重较小，但毕竟是网点赚取中间业务收入的重要组成部分，如果管理层的意愿传导、行政压力与绩效考核能够正常执行，银行一线营销人员是愿意进行基金营销的。如果在基金营销中，能够不伤害客户（或者不大面积伤害客户），且能对一部分客户的黏性、忠诚度有所提升，那么一线员工的“意愿”会比较强烈。因此，此方面的问题，只要管理层的引导到位，且能够推行基金全流程服务要求，“意愿”不会是主要问题。

从“技能”的角度看，无非是两个方面：一线营销人员的营销经验积累与培训技能增强。前者是在“做中学”，后者则是“学后做”，即提前给出有效的方式方法，让一线营销人员免去尝试之苦，直接走上正确之路。目前，这两方面都有不小的问题，也是基金业务发展中的通病。

1. 银行营销人员对自身专业能力的不自信

理财业务的重要性在不断增强，而其中“投资”板块一直是由各种基金来唱主角的，但多数的银行营销人员，对于自身的投资能力是持怀疑态度的，并且这种怀疑态度会进一步导致对基金销售的消极与抵触。分析原因，有如下几点。

首先，虽然银行的人员流动性在金融行业中属于比较低的一类，但银行人员的岗位流动是比较频繁的，在专业理财经理岗位的员工一般工作时间不长。能有5年以上经验的，已经是各行的“宝贝”了，但5年的工作经验相对投资周期的时间而言，也难称为很有经验，因为投资周期一般在5年以上，中国的牛熊周期甚至在7年以上，营销人员的经验不足会导致自信度不足。

其次，很多银行营销人员自己也参与投资，但过去的投资经验多数是以亏损为结局，几次股灾都损失惨重，不同的投资品种（比如纸黄金、外汇甚至债券等）也没有太好的结果，营销人员很难有信心去营销客户。

再次，多数的培训并没有涉及对于银行营销人员的投资能力、投资方法，使得多数营销人员的投资能力基本停留在资本市场的一般散户水平，相比客户而言，唯一的优势可能是与金融市场接触的时间比较多，但本身并没有本质的投资优势与方法优势，这也造成了银行的一线营销者的信心缺失。

虽然可以培养客户自己在网上或手机银行进行基金投资，但这种方式使得银行对客户的黏性与控制力减弱，并且由于第三方基金交易平台的大规模兴起（例如天天基金网等基金交易平台，都是1折的交易手续费），交易手续费低廉，很容易造成基金交易的迁移。因此，银行必须强调银行一线营销员工对基金投资客户的服务支撑与投资建议。

自信心的培养，需要两方面的合力，一方面要有正确方法的指引，另一方面需要不断实践中的胜利。这两者缺一不可，同时也互为提升、相互促进，只有两者都达到一定水准，才能培养出有自信力的基金营销者。

2. 基金营销培训多数依赖基金公司

投资，本身就是一个无穷的话题。如果我们把员工培养的目标定在“提升投资能力”上，就不合适了，因为不能指望每个营销人员都成为投资高手。那么是不是就应该放弃基金业务呢？当然不是。那是不是应该教育投资者，坚持资产配置，坚持长期持有就可以了呢？其实不行，因为银行需要不断扩大客户在本行的业务与资金，与客户有更多、更好的互动，而“长期持有”的配置策略是不能达到这一目标的。其实，我们完全可以把目标做一些修改，变得简单一些，变得可普及一些，让多数的银行营销人员在力所能及的范围内接受并提高。

那么，将目标修改成什么呢？我们认为“**如何长期提升基金销售业绩与能力**”，是比较切合实际，比较符合多数银行相关部门要求的，也是符合本书主旨的。但“投资”与“如何长期提升基金销售业绩与能力”有什么差别吗？有，而且很大。前者是世界性难题，甚至是个无解的难题，但后者，只是在目前的银行业务发展情况与发展条件下，给出一个更符合银行利益的可行性方案。毕竟还是有很多的银行将基金业务做得很好，将这些机构的经验与方式进行总结、提炼与泛化后，归纳出更适合一般银行代理基金业务发展的一整套运行模式，是完全可以的。

出于对销售业绩的要求，基金公司有天然的动力对银行的营销人员进行相应的培训，并且一般是免费的培训。据不完全统计，银行渠道的基金销售占基金公司整体销售的份额依然在八成以上，自营、网络销售、第三方平台等虽然兴起，但传统银行的强大渠道优势、客户群体覆盖优势以及客户信任优势，始终牢牢地占据着基金销售的主力。

同样，出于对培训经费的考虑，有合作方愿意提供相应的免费培训资源，银行的培训管理者也非常愿意本着“少花钱多办事”或者是“好钢用在刀刃上”的原则，对于产品营销类的培训，主要由代理产品的基金公司来提供。

这种培训的提供方式，虽然比较经济，但也带来了很多的问题。

首先，基金公司出于业务的要求，有天然的意愿对自己的产品进行一定程度上的宣传与美化，包括很多的数据展示时，也尽量选取一些比较能说明本公司优势的部分，让一线营销人员有很大的信心去向客户推荐，从而在产品分析与资本市场分析的真实性与可信度上，有一定的不确定性。

其次，基金公司的相关培训，多数以专业为主，从全球宏观经济到国内经济形势，再到政策导向与行业发展前景，相对偏向于投资专业，而多数银行一线营销人员的专业能力不足以消化如此专业的分析，在一场培训结束后，最终的结果只能是记住了几个基金公司推荐的投资方向与投资基金，至于“为什么投”“在什么时间投”之类的深度逻辑问题，只能在“听不懂”中过去了。

再次，基金公司的培训内容中，宣讲的角度多数是从公募基金的投资角度，而不是从普通客户的投资者角度。比如，公募基金的投资本身有一定的仓位限制（虽然现在有很多的灵活配置型混合基金可以把仓位降到0，但实际过程中，出于种种原因的考虑，是不可能降低太多的仓位，只能是在不同的投资标的中进行转换），公募基金的评价体系，大资金的体量问题，以及可以使用股指期货的对冲限制，使得公募基金在熊市也只能保持相当高的持股比例。但对于普通投资者（或者是多数的银行投资客户）而言，完全可以空仓或者转换成其他类型的基金的方式来完全避免这种系统性风险造成的亏损。但银行一线营销人员在多数情况下，并不能分辨这种宣讲角度的差异性，从而被基金公司的思路带走，实际上为基金公司免费打工。

基金公司的产品培训，多数以投资专业为外衣，容易给银行营销人员以特别专业的形象与印象，导致银行营销人员失去了自身的营销立场，最终让基金公司获得最大的收益，这是银行基金产品培训非常需要注意的部分。

客观上看，在众多金融机构中，基金公司对投资市场的专业度是最高的，但这种“专业度”对于基金业务的发展并不是必需的，甚至不是必要的。“投资到底投什么，应该如何操作”，专业的事情就是应该专业的人去做，但银行方需要在众多“专业的基金公司”中间进行甄别，在符合自身利益的情况下，选择对银行自身、对客户最优的方案与方式。

因此，在基金业务培训中，银行应该要注意培训来源的比例，要注意对一线营销人员灌输的内容，要有自身的立场，要有自己的考虑，建立适合自己的培训体系，这样才能真正把基金业务繁荣稳定地发展起来。

银行一线营销人员是一个庞大的群体，本身的专业能力不足，而相关培训又基本被基金公司主导，导致了员工的基金销售、基金管理方式的不正确，但这些问题归根结底还是银行基金业务管理层的发展思路不明确、管理战略不清晰。因此，银行基金业务的健康发展中，员工培养一环还是需要更多的重视与改进。

第3章　基金业务发展困惑之客户问题

客户在银行的各项业务发展中，都处于核心位置，且在各银行对客户的争夺越演越烈的背景下，客户的问题更成为了核心问题。不同的银行面对的客户情况、层次有很大的差异，特别在基金投资上，差异尤为明显。同时，客户在成为投资者时，一般的投资错误都会犯，且经常犯，而本章将从“不同投资层次客户的处理方式”与“常见客户投资错误”的两方面给出现象描述与相应的解决方案。

1. 不同投资层次客户的处理方式不同

从基金销售的流程来看，银行人员禁止出现代客理财等行为，因此银行的营销人员只有建议权，最终的决策权是在客户手里的，理论上说，基金的亏损与银行并没有关系，客户也不能将损失怪罪到银行营销人员身上。除去部分营销人员的语言不规范、在营销过程中夸大基金的盈利能力、给客户保证性的语言、有误导客户的行为，等等，多数银行营销人员的销售动作执行得比较规范，但即使这样，部分客户在基金亏损的时候，依然对银行网点和相关销售人员不依不饶、指责不断。

随着两次牛市在中国市场的出现，全社会的基金投资参与比例在不断地上升，“基民”的数量也随之扩大了许多倍。应该说，市场对投资者的教育是最有效的，在经历了诸多的大起大落之后，很多基金客户已经适应了这种市场的变化节奏与变化结果，对于赢利与亏损的心理承受能力大大增加，特别是一批较早投入市场的基金客户，已经蜕变成了成熟的基金投资者。如果把客户对于基金熟悉程度进行简单分类，贴上完全陌生客户、部分了解客户、成熟客户的标签，针对不同类型客户的处理方式与营销过程应有很大不同的。

完全陌生客户：在一二线城市，此类客户的数量已经很少了。在三线城市以下，还是有非常大的客户比例，从来只做存款、保本理财产品、国债等相对风险极小的产品（在这类客户的心中，这些产品都是保本的），对于可能造成本金亏损的产品，都敬而远之、避而不谈。但从未来经济形势与社会财富增长速度来看，完全不投资股权类资产，只能看着自己的财富逐年缩水（后续章节详细介绍）。而这从完全保守型心态转换到接受基金等投资，需要有一些契机，这种契机一般有两种：第一种，像2006–2007年、2014–2015年的大牛市，在强大的赚钱效应刺激下，会有不少客户最终鼓起勇气冲入市场，但这些冲入的客户多数是以惨亏为最终的结果；第二种，用简单而基础的投资方式，例如基金定投、偏债混合型基金、打新基金等风险较低的方式初次介入，在尝到赢利的甜头后，逐步加大投资。这应该是更加稳健的投资者教育方式。

部分了解客户：此类客户可能以前曾经参与过股票市场或基金市场，但因为不适当地参与时机或者因为自己的操作失误，最终以亏损离场，一般我们称之为“受伤客户”。在很多理财经理的眼中，他们是炸弹，可以一碰就会炸，与你滔滔不绝地讲自己的受伤史或者是对于基金一概不听，如果这个客户的亏损是因自己手里销售的基金，那么理财经理就更不敢在这点上深入沟通了。实际上，每一个“受伤客户”的内心，都非常渴望能够把亏损的钱赚回来，即使表面上非常强硬，但心底总是有那么一丝不甘心。这样的例子很多，比如请基金公司派人来做投资策略报告，绝大多数的“受伤客户”还是愿意来参与一下。所以，当银行营销人员拿出一些建设性的意见与方法来，让客户看到甚至确信有“跌倒再爬起来”的机会，这些客户还是可以争取过来。

成熟客户：这类客户对资本市场较为了解，可能自身也参与炒股或其他投资，不一定真正能赚钱，但聊起来时一定头头是道，俨然一副投资大师的模样。面对这样的客户，很多理财经理立马露出自惭形秽的表情，不敢提基金，更不敢提销售基金了。对于这类客户，我们一定要区分清楚，哪些是真正的高手，哪些只是经验丰富的老股民（可能这么多年，基本没赚什么钱，但一直希望吹嘘自己部分的成功史）。那么，如何分辨呢？最简单的方法是问问其是否能做到至少三年的稳定赢利（当然，询问时需要委婉一些）。如果这位客户真是市场高手，我们不妨放下架子，诚心向客户学习、请教，搞好客户关系，让客户经常给自己补补课，当成身边的投资老师；如果发现客户只是虚有其表，那么我们在介绍基金时，可以更多地强调基金的分类与种类，以及部分基金的稳定赢利能力，让客户成为认可基金的一员。

总之，三类客户的处理方式各不相同，结合自身的投资经验与经历，各个击破，让基金成为投资者教育的最佳利器。

2. 客户常见的投资错误

多数客户在投资中是非理性的，虽然“让客户自己做决策”是银行理财服务中必须秉承的宗旨，但不断对客户进行投资者教育更能体现银行对客户资产认真负责的态度。很多投资书籍中提及的常见的投资错误多数是关于股票市场等更高风险的投资，而针对银行基金投资客户的具体分析很少，我们在此处只描述两类银行营销人员应该关注同时也比较容易修正的错误，可以在实践投资中尽量避免。

2.1 不断放大本金

在市场低迷时，客户不敢投入，在银行营销人员推荐下，只敢少量尝试，而在市场高涨时，群情激奋，敢于卖房入市，正所谓是“干大事而惜身，见小利而忘命”，这是标准的“取祸之道”。那么有什么具体的表现呢？我们先举个真实的例子。

案例：谨慎的于女士

在 2014 年 6 月，于女士在理财经理的推荐下购买了 30 万的股票型基金。市场正是牛市刚刚起步的时候，于女士的基金很快就有了收益。三个月之后，于女士的基金收益达到了 20% 以上，理财经理让于女士结束了此次基金投资。市场继续上行，理财经理在看到市场短暂回调后，让于女士再次入场，但这次于女士拿出了 50 万进行基金投资，在一段时间的上涨后，又在 20% 收益达到时离场。但牛市继续持续，理财经理第三次建议客户买入，这次于女士结束了几笔银行理财产品，凑齐 100 万进入基金，再次斩获了 20% 的收益。时间已经到 2015 年 5 月底，牛市出现加速上涨形态，于女士东拼西凑得来 200 万资金希望能够赶紧买入，虽然理财经理建议客户减少投资金额，但于女士执意要求买入（当时虽然在银行网点只买了 100 万，但于女士回家后用网上银行又将资金全部买入）。结果可想而知，股灾中，于女士亏损严重，不但前面的投资收益快速消失，还亏损了大量的本金。

点评 普通银行客户投资时，最容易犯这种“放大本金”的错误。初期不敢投，赚钱后不断加资金，在山顶上放上全部身家。只要是这种方式投资的，无论这个市场能涨多少，最终结果都会亏损的，因为像于女士这样，前面拿 30 万去赚钱，最后用 200 万去亏钱，只要市场出现一个正常回调，前面所有的利润都会消失。

那么，正确的做法是什么呢？对于初级投资者，由于很强判断市场的强度与热度，每次投入一样的资金是比较合适的；对于有一定经验的投资客户，可以分为两种金额，即牛市投资金额与非牛市投资金额，在市场一般运行时，都用“非牛市投资金额”（即总可投资资金的三分之一到一半），而市场确立牛市后再切换为“牛市投资金额”（即全部可投资资金），在市场过高或转弱后切换回“非牛市投资金额”。虽然可能在牛市的初期依然会用“非牛市投资金额”，但在牛市真正走出第一阶段前，是很难判定牛市到来的，因此这种方式虽然少赚了些利润，但更为稳妥。

在银行基层网点中，这样的“于女士”是非常普遍的，其投资的金额随着市场的上涨而增多，随着周围人的赚钱而增多。对于这样的行为，我们是不可能本着“让客户自己做决策”的想法，看着客户跳进深渊的。

2.2 淡看市场坐电梯

另一类基金客户投资者，不敢在市场上涨后再次追入更多的资金，但却不愿意卖出之前的投资，一直看着收益一路狂飙，但也看着收益一路狂降，如同坐着电梯不愿下来，到了顶层，见识了壮丽的风景，却也经历了自由落体般的惊险。

案例：坚守的孙经理

孙经理是一位某国有银行理财经理。2014 年 5 月时，以资产配置的名义投入了部分的闲散资金，也选择了一只非常优秀基金（银河行业优选 519670）。孙经理的耐心很好，虽然早期加仓数次，但一直坚定的持有，拿到 2015 年的 5 月底。在离暴跌还有两周时，孙经理的喜悦溢于言表，整体收益已经超过 140%。

问，“你继续要多少的收益才肯放手？”

孙经理：“是这样的情况，现在市场普遍认为 6 月份（2015 年 6 月）（上证指数）超过 6124 的历史高点应该没有问题，我们现在讨论的是年内有没有可能过 1 万点。”

结果，就没有结果了……

点评 孙经理的话，在当前来看，可能真是一个笑话，但在当时整个市场却充斥着这样的声音。我们可以看到，因为坚守，孙经理在牛市中几乎从头吃到了尾，但也一样是因为坚守，孙经理看着自己的收益以一天一个跌停板的速度消失。

那么，可能会有人问，在市场上涨时应该持有，可以设定一个利润的回吐点，当利润减少一定比例后马上出来。但实际上，利润下跌过程中，孙经理这样难以割舍的投资者也是大多数。那么我们分阶段来看看，这类坚守型基金客户投资者会怎么做?

在下跌的初期："如果市场只有一个10%的正常回调，投资会怎么做？"在2015年4月时，曾经做过一个投资者调研，多数的基金投资者认为"牛市的回调是一个很正常的过程，根本不用担心，反而应该要考虑是否再次买入"。结论是，不会卖出手中的基金，但请注意，孙经理的收益是140%，当市场出现10%的回调时（我们假设基金也等比例回调了10%），那么这时孙经理的收益降到116%，直接减少了近30%，可能多数投资者在看到这样的数字时，第一反应是后悔，后悔为什么没有在140%时赎回，甚至"祈祷市场再给我一次机会，如果能再来一次，我一定在高点卖掉"。但事实上，再来一次的结果也不会有什么改变。

在下跌的中段：市场已经开始了第二阶段的下跌，下跌速度陡然加快，利润每天都在减少，但政府的救市政策每天翻新。本着牛市总会涨上去的信念，看着收益从110%到90%，再到70%，最后到了50%。在这个过程中，从当初的后悔与悸动，到了平静，到最后，把心一横，干脆不管了，等到下一轮上涨吧。最终的收益可能回到了30%左右。

完整的坐完一轮电梯后，可能会反省自己，为什么会那么贪婪，为什么不在高点附近卖出，为什么不在下跌的初期卖出，为什么不在利润下降一大截时卖出……但结果是不会改变的。

面对这些客户，我们应该怎么办？对客户的投资者教育是一项长期的行为，也是一项艰难而有意义的行为。因此，在基金投资的过程中，我们不能完全遵照"让客户自己决策"的方式，在与客户沟通时多以正确的投资方式进行事前引导，在投资执行中鼓励客户遵守曾经制订的方式，积极调整客户心态，让客户与我们一起成长。

第4章　基金业务发展困惑之市场问题

经过了近20年的发展，基金的品种越来越丰富，门类越来越多，同时各种资管项目与私募项目也层出不穷，但目前银行渠道的主要代销基金还是以公募基金为主。而主要的公募基金类型有货币基金、债券型基金、股权型基金、其他类型基金，其中银行基金销售收入主要集中在债券型基金与股权型基金。这两种基金与相应市场的走势具有相当大的相关性，在市场行情好的时候，相应基金的净值表现好，客户的热情就高，销售难度就低，整体的销售数量就大；相对在市场行情差的情况，基金净值表现差，客户的热情就低，无论上级如何强调业绩与督导，但销售的结果依然不好。

虽然说，各个资本市场的轮动性表现背后就是社会资金的大规模流动，是不可逆转的市场大趋势，但对于银行而言，追求的是每年的业务与业绩的增长，如果基金业绩呈现大幅度的“大小年”现象，则相应的收入也会出现大幅的变化，这并不是银行端想要的结果。同时，由于中国资本市场的“牛短熊长”特征，多数年份基金营销业绩较差，而在少数年份的牛市中，虽然整体业绩不错，但多数客户又在高位套牢，需要多年的沟通与挽救才能重新恢复活跃，也使得银行在牛市期间收获大量的中间业务，但也有着隐隐的担忧。

从理论上说，资本市场的长期、缓慢上涨是银行营销者最喜欢的市场行情，投资者情绪不断地上升，并且由于长期上涨，其能够适应银行前端的营销节奏。但是，市场肯定是有自身的规律的，而中国市场的规律也比较特殊，因此银行的基金营销一直保持了靠天吃饭的形势。

1. 从长期看，中国资本市场呈现“牛短、熊短、震荡长”的特征

从市场的整体分解来看，有三种大的趋势，分别是牛市、熊市、震荡市，而其中的震荡市经常被人划入熊市中，因为中国资本市场的震荡市不是缓慢上升，而是不断寻底。

从上海证券交易所开市至今的近 30 年中，如图 2-2 所示，除去初创时期的指数大涨大跌，我们将大涨定义为牛市，暴跌定义为熊市，中间则是震荡市，可以被分为三次大的涨跌。

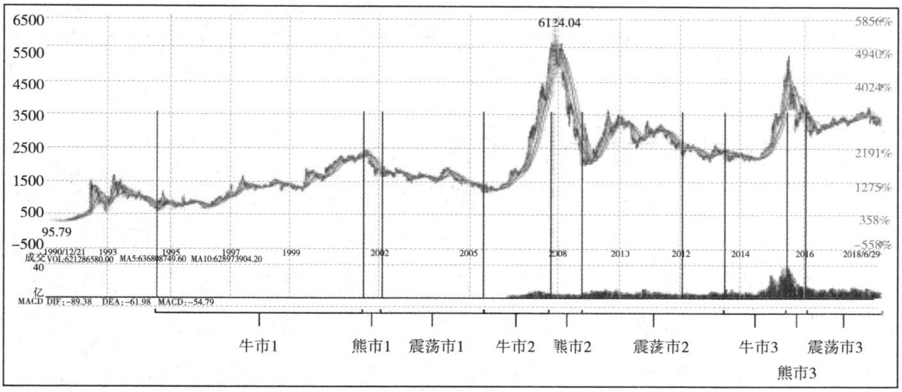

图 2-2　上证指数的三轮牛熊市

从各阶段的时间来看（如表 2-1 所示），第二、三次牛市在 2 年左右，而三次熊市的时间在 7 个月到 1 年，而两次震荡市的时间在 3-4 年，而目前处于第三次震荡市中。

我们看到，从大的时间尺度来看，市场的一次转向，短则近一年时间，长则数年，而且多数时间是在非常艰难的震荡磨人之中度过。这样的市场运行规律似乎在告诉我们，基金应该放长线钓大鱼，同时这样的市场让我们的基金业务出现了巨大的困难，因为银行的业绩考核周期是不可能那么长的。那是不是应该放弃基金业务的考核，让市场来决定业绩的潮起潮落呢？显然不可能。我们必须从“长期”的视角中解脱出来，从“中期”的视角来看待市场的机会，这样才能在基金业务的考核周期内实现业绩的长足增长。

表 2-1　上证指数三轮牛熊市的时间阶段

阶段名称	起止时间	时间长度	区间最高 / 最低点	幅度
牛市 1	1994.07.29–2001.06.14	6 年 322 天	325.89–2245.42	589.01%
熊市 1	2001.06.14–2002.01.29	0 年 229 天	2245.42–1339.20	–40.36%
震荡市 1	2002.01.29–2005.06.06	3 年 129 天	1339.20–998.23	–25.46%
牛市 2	2005.06.06–2007.10.16	2 年 132 天	998.23–6124.04	513.49%
熊市 2	2007.10.16–2008.10.28	1 年 013 天	6124.04–1664.93	–72.81%
震荡市 2	2008.10.28–2013.06.25	4 年 241 天	1664.93–1849.65	11.09%
牛市 3	2013.06.25–2015.06.12	1 年 352 天	1849.65–5178.19	179.96%
熊市 3	2015.06.12–2016.01.27	0 年 229 天	5178.19–2638.30	–49.05%
震荡市 3	2016.01.27– 至今		2638.30–	

数据源自 wind

2. 市场的中期机会非常多

市场的牛熊永远不是一次性走到底的，中间一定有无数次的反复，而且反复走势的幅度并不小。市场的三种走势牛市、熊市、震荡市中，牛市自然不必多说，只要马上买入都是好机会，那么熊市与震荡市是否有足够的机会呢？我们以最近一次完整的熊市（2015.06.12–2016.01.27）与震荡市（2008.10.28–2013.06.25）作为分析对象，观察一下市场的中期机会。

2.1 史无前例的熊市暴跌依然有三次巨大的反弹

从 2015 年 6 月 12 日的牛市顶点开始，到 2016 年 1 月 27 日的暴跌结束，一共 229 天，上证指数下跌 49%，且有千股跌停、千股涨停、千股停牌等历史奇观发生，可谓惨不忍睹。但其中两次强力反弹，幅度分别为 24.04% 与 29.25%，反弹的时间都不长，但涨幅巨大。即使不能抓住大部分，只取三分之一，收益也非常可观。

表 2-2　2015 年 6 月 12 日至 2018 年 1 月 29 日的熊市反弹

阶段	起止时间	区间最高 / 最低点	幅度
反弹 1	2015.07.09–2015.07.24	3373.54–4184.45	24.04%
反弹 2	2015.08.26–2015.12.23	2850.71–3684.57	29.25%
反弹 3	2016.01.27–2018.01.29	2638.30–3587.03	35.96%

数据源自 wind

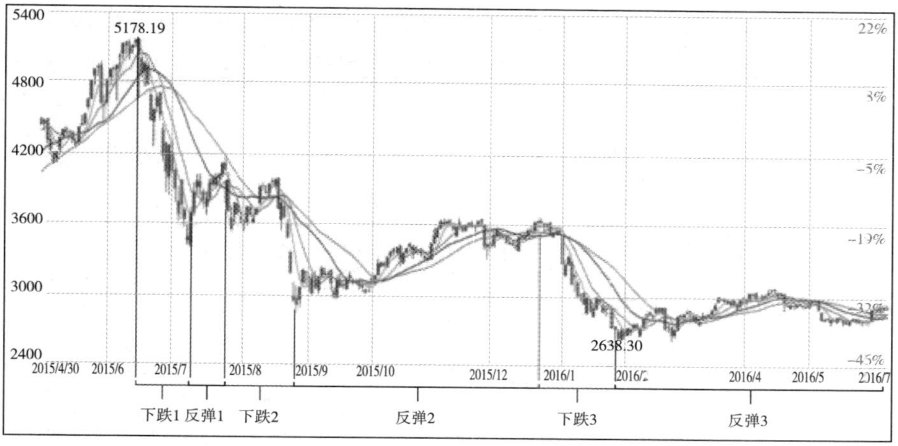

图 2-3　2015 年 6 月 12 日至 2018 年 1 月 29 日的熊市反弹

2.2 四年半的震荡，中线机会多多

2008.10.28-2013.06.25 的上一轮震荡市中，时间长达 4 年半，整体涨幅只有 11.09%，但震荡幅度非常巨大，除去第一轮的大幅反弹，10% 以上的小反弹也超过 9 次，每年都有 2-3 次的中线机会。

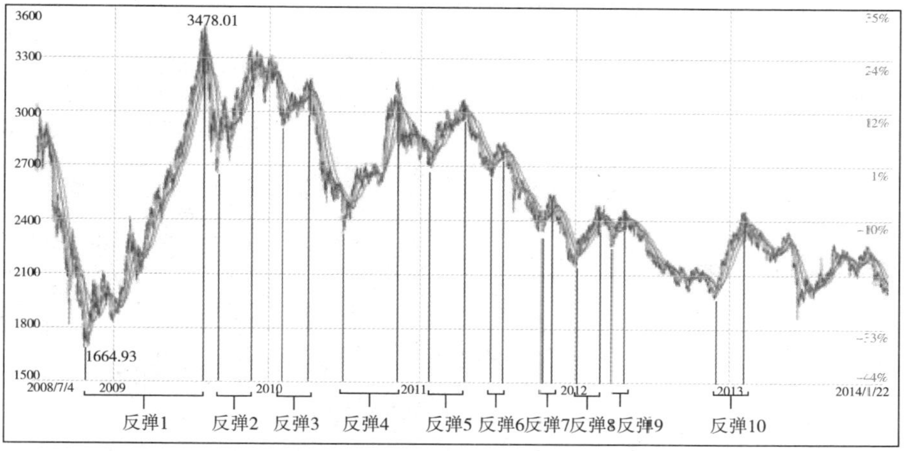

图 2-4　2008 年 10 月 28 日至 2013 年 6 月 25 日的熊市反弹

在投资之中，一定要敬畏市场、尊重市场，遵循市场的基本规律。在中国的资本市场，暴涨暴跌的情况多，但多数时间是在不断地震荡中度过

的，那么我们的基金业务、基金投资也不能只看着大趋势，对于机会多的中期趋势也要关注，否则苦等几年才有一次的机会对于基金业务的发展十分不利。

第 5 章　基金业务发展困惑之基金投资观点错误

“成功的方法各有不同，但失败的原因就那几条”，投资界经常流传着这样的经典名言。那么本章就先从失败的原因入手分析，避免常见的问题，就能避免 80% 以上的问题。其实真能将常见的失败原因解决并在以后的营销中避免或少犯，那么离成功已经不远了。

那么银行销售基金过程中，有哪些比较常见的错误呢？至少有以下的三种，**在投资基金前给予客户过高的收益预期导致客户在投资之初就带着非常强烈的投机倾向；在投资基金中经常性地调整收益预期，总想赚得更多一点；让客户自己做卖出的决定或者只是软绵绵地提醒赎回，导致客户在犹豫中一直持有，在盈亏沉浮之中浪费大量的时间**。这些都是银行营销基金中常见的现象，但多数营销者并不认为这有什么问题，其实这些是银行基金营销的最大错误。让我们逐一来重新审视这些过程。

1. 给予客户过高的基金收益预期

前面章节中提出，要关注基金投资的“成功率”，而不是“收益率”。那么降低每次的收益率是提升成功率的重要手段。

眼高手低，无论在哪种领域中，一直是失败的普遍原因之一。一般而言，投资的能力与期望获得的收益率是成正比的，但根据心理学的研究发现，人们有普遍高估自身能力的倾向，特别在投资问题上。因此，多数的情况下，我们会对于单次基金投资产生过高的预期，并且低估了同等预期下的风险。

1.1 作为银行理财的一部分，基金收益多少比较合适

在投资中，风险与收益永远是一对孪生兄弟，相伴相随。不同的客户需要不同的风险收益，而不同的机构出于自身的立场与原则，也会提供不同的风险收益产品。保险公司、银行提供的产品相对比较温和，在风险与收益的权衡中，首重控制风险；基金公司的产品相对多样，各种风险级别的产品都会有涉猎；证券公司、期货公司提供的产品就是高风险类，注重高收益的获取。

从客户角度来看，客户到银行来理财时，当客户走进银行大门时，他内心中是期望银行提供能够大幅获利的产品吗？虽然在询问客户时，很多客户会希望获得高收益，但经过风险提示后，多数客户会选择放弃此类产品，即客户在衡量风险与收益的过程中，更容易倾向于低风险类产品。那么，结论很明显了，客户对于银行的期待是稳健，是在保值的基础上，有一定的增值。既然如此，我们为什么要给自己带上一个高收益的“紧箍咒”？银行不是私募基金，并不是一味追求高收益的地方，银行营销人员应该给自己松绑，把基金收益预期降下来。

从资产配置角度来看，绝大部分的教科书都把股权类投资的年化收益率设为 10%。一方面，经过测算，多数股市的长期平均年化收益率非常接近于 10%，另一方面，在现有金融体制下，一年 10% 的收益，对于普通客户而言，已经是非常高，也非常让人满意了。那么，我们不应该让客户期待过高的收益率，也不应该让自己背负过于沉重的收益率压力。

不论是客户的认识还是资产配置理论的原理，都没有要求基金收益率特别离谱，那么银行营销人员应该轻装简行，将自己定位在给客户“保值增值”的理财理念中，让客户有健康的投资观念，也让自己放下包袱。

这个心理的突破十分重要。许多银行都奉行着“以客户为中心”的理念，同时在目前日益严峻的银行竞争势头中，“尽量满足客户的需求与要求”成为了客户竞争中的常态。但基金投资本就是件非常严肃且充满风险的事情，对自己过高的收益要求会造成基金投资过程中非常多不可控行为的发生，对基金投资结果造成极大的负面影响，这使得在投资基金之初，已经输了一着，基金投资的成功率随之下降。“想赢怕输、极力做到最好”是不可

取的，摆正心态、放下包袱，以平常心、低要求来面对市场，更容易得到好的投资结果。

因此，在基金销售之初，银行营销人员就必须为自己上这一课，让自己有更大的信心来面对客户、面对市场。

1.2 单次基金投资中，多少的收益率更合理？

基金投资收益率的预期是应该与市场情况、基金的种类特性、进场的时机、投资的方法、投资的周期等联系起来的，在市场良好时，应该适当调高，在市场不佳时，应该适当调低。但向不同的人询问预期收益率时，答案的差异是非常巨大的，有 5% 就满意的，有 10% 才可以接受的，也有不到 30% 就不肯罢休的。那么有没有可以参考的基础呢？

在“高胜率 + 低收益”的方法指导下，3%（扣除申购赎回费用之后）已经可以接受。投资收益率应该与投资时间匹配，如果投资时间短，3% 应该是不错的，例如几周到 1–2 月的投资时间，3% 的收益率已经相当惊人，如果转化为年化收益率，可以达到恐怖的 36%（用单利计算，1 月 3%，则年化 3% × 12=36%）。其实如果只要求 3% 的收益率，一般投资时间都不会长。

在一些特殊的情况下，收益率更低一些也是可以接受的，比如，在基金购买之后，已经有过一定的收益，但没有达到预期目标，可是市场下跌非常快，眼看就要接近盈亏平衡线（0% 的收益）了，完全可以及时抽身、再觅机会时，多低的收益率都是可以接受的，完全不要因为此次收益不足而放任市场的下跌。

一般情况下，将收益率设定在理财产品收益率之下，是比较合适与合理的。一方面，银行营销人员在与客户沟通时，有了可以比较的基准，同时由于理财产品的收益率是“年化”的，需要存一年才有这样的收益，而基金的收益是“绝对收益”，是直接拿到手的，说服客户接受的可能性比较大。

在股票市场特别好的情况下，适当提高收益率也是可行的，但单次也不要超过 10%。这样的做法虽然可能在牛市中会损失一部分收益，但始终让客户保持一份对市场的敬畏，保持一份对风险的清醒，对客户的投资心态培养是十分有益的。

1.3 同样的 10%，为什么要一次完成？

一年给银行基金客户多少收益就足够了？这个问题可能没有统一答案的，但在绝大部分年份的市场情况下，一年 10% 的收益对于多数客户而言，已经是非常不错、也非常满意了。那么，是不是需要给客户购买的单次基金就需要 10% 才收手呢？或者把问题转换一下，一年 10% 的收益，是不是一定要一次基金投资都完成呢？可不可以分成 3–4 次来完成呢？那么每次的收益率预期可否降到 3% 呢（扣除申购购回费用）？

这里必须要强调一点，我们探讨的是绝对收益，而不是年化收益，一年 10% 是绝对收益，而一次基金投资 3% 的收益也是绝对收益，一年 3–4 次的基金投资收益，是可以直接加和的。因此，我们将目标收益 10%，直接降低到了 3% 这么一个“低得让人不屑一顾”却又相对容易达到的收益程度。

一次基金投资，预期 10% 的收益与预期 3% 的收益，难度是有极大的不同的。一轮上涨或反弹中，我们只要 3% 收益就脱离战场，而别人却要苦苦等待到 10% 的收益才离开，风险必然下降了不少，难度也随着下降了许多。同样，单次投资只要 3% 收益，这样的机会也是大大增多了。等待一次预期 12%（10% 的绝对收益加上 2% 的申购赎回费用）以上的投资机会，可能要等待好几个月，而等待一次 5%（3% 的绝对收益加上 2% 的申购赎回费用）以上的投资机会，可能 1–2 个月就会出现，甚至更短，那么参与市场的机会也增加了。毕竟对于普通投资者，长时间的市场外等待是很难熬的。

2. 有目标却不执行，经常调整（改变）目标

部分有经验的银行基金销售人员，会在销售之初与客户订下收益率的目标，并共同决定在收益达到时赎回。那么这样的决定，会不会被忠实地执行呢？结果让人担忧。

向银行一线营销人员提问，“在基金投资收益率达到最初的目标时，你会毫不犹豫地赎回吗？”一片寂静，然后是交头接耳，也有部分诚实的员工

直接回答“可能不会”。请注意，在还没有购买基金呢，只是心中确定了基本的目标，就开始犹豫了，真到了基金投资收益达到目标的那一刻，又有多少人会“牢记初心”。

可能会有投资者认为，“在投资之初不应该设定过于具体的目标，应该要根据市场的走势强弱来确定最终收益率，就像在牛市中，10% 可能几天就能拿到，在熊市中，5% 的收益就值得庆幸了。”从投资的角度而言，这样的做法是非常正确的，但面对普通投资者，这样的要求就太高了，甚至对于银行庞大的一线营销队伍而言，要求能根据市场的状态来改变策略，都有些强人所难了。一种能在整个银行渠道中全面推广的方法，必须是简单且可执行，那么“一刀切”式的“武断”方式，并在投资之初确定性的目标就显得尤为重要。

在目标设定之后，坚决的执行是成功的保障，是长期成功的保证。经常性的临场改变作战计划，是危险的，也是投资不成熟的标志。那么，是哪些原因导致了银行营销人员与客户一起推翻之前的目标呢？

2.1 买卖的决定视当时市场情况而定

我们一起来还原一下基金购买后的客户心理场景。在买入基金时，心情忐忑不安，略一亏损就有点后悔买基金了，当收益由负扭正心情立马好转，随着收益率上涨心情大好，认为自己的投资决策英明无比，当收益率第一次达到目标时……感觉市场非常好，多持有一天就会多一点收益，于是给自己一个理由“牛市不言顶，让利润奔跑吧”，所以最终的决定就是“再等等看”。

“再等等看”这四个字道尽了投资者当时的欣喜、不舍、犹豫、憧憬，但唯独少了一份警惕与紧张。当收益率第一次达到目标时，市场好不好？肯定好！怎么可能不好呢？不论是长期盘整震荡后的拉起，还是直接上冲到了目标位，首次达到目标收益时，市场肯定是“一片大好”。各大财经的头条中，会出现很多“大胆”的预测，为这些预测作注脚的不乏一些著名的投资机构，同时在舆论一片“欢声笑语”时，市场只涨了一小截，但各种预测可能认为“这仅仅是开始”，并举出各种例子与证据，认为未来有更广阔的空间，美好的时光正等待着我们。甚至周边还有很多人正跃跃欲试地准备入场，准备大展拳脚。客户感觉自己在这时候赎回就像“傻子”一样，于是十分庆幸而十分坚定地选择了改变目标，认为当初的目标实在是太小了，应当“与时俱进”。

因此，在“再等等看”的指导下，必然是继续持有，无论之后的结果是好是坏，回首来看，当时可能是最好的赎回时间，但因为“再等等看”就失去了利润落袋的机会。市场是最多变的，看市场而定策略，则策略就是多变的、是犹豫的，那么投资就像是浮萍一般，漂到哪里算哪里，没有计划、没有预案、没有纪律，随波逐流，怎么可能会长期成功呢?

所以，当达到预期收益时，必须是直接赎回，没有理由、没有拖延、立刻执行。如果错了怎么办?市场继续上涨怎么办?说明是计划制订时不够完善，但是想再赚钱，可以下次有机会再说，下次制订投资计划时可以吸取经验，提高目标精度。市场永远不缺少机会，只怕在市场机会到来时，手里已经没有本金了。在目标达到时，不问市场、不问旁人，直接执行，这是投资长期成功的基石，也是从普通投资者向精英投资者转化的必然之路。

2.2 左侧赎回还是右侧赎回

左侧交易是指市场还未走出反转行情时，就提前介入；右侧交易是指市场已经走出反转态势，再考虑投资。左侧交易好还是右侧交易好，在投资界中是充满了争议的，孰好孰坏可能与投资资金量、投资策略、投资风格等都有关系。但对于普通银行客户的基金投资而言，在买入时，“右侧交易”更为安全，而在卖出时，“左侧交易”更为稳妥。

可能会有投资者认为，右侧卖出交易是在市场到达顶点后，在市场的趋势发生改变后才做出的决定，能够更大程度上收获上涨的空间与利润。但我们认为，这种做法需要投资者对于市场转变的过程与拐点有比较好的认识与敏感程度，对于技术类分析有较深厚的功底，否则可能很难在高点甚至是次高点抽身而退。

从客户的心理上理解，卖出基金是“左侧交易”是远胜于“右侧交易”的。为什么这么理解?我们举例说明。有一位投资者，在基金购买之初，设定了10%的收益率目标，当第一次达到目标时，他非常欣喜，于是选择了“再等等看”；结果很不错，几周之后收益率达到15%，心情更愉快了；可惜好景不长，几周之后市场下跌，收益率又回到了10%，这时候投资者的心情如何呢？似乎没有第一次达到10%时那么开心了。这种心态，我们称之为“曾经拥有”。人世间最悲哀之事莫过于“曾经拥有”。从来没拥有过，也就不存在失落，而曾经拥有过再失去，往往会让人失去理智，失去平常心。如果银行营销人员选择“左侧赎回”的方式，让客户在第一次达到10%时进行赎回，那么双方都是愉快的心情结束了本次基金投资，虽然在后面的市场上涨中少赚了点钱，但这叫作“遗憾”；如果银行营销人员选择“右侧赎回”，可能最终收益率比10%高，也可能会低，但客户可能会自责地认为“为什么不在高点赎回”，甚至产生这样的心理“如果再给我一次机会，我一定会在高点卖掉的”，以至于不肯赎回，这叫作“悔恨”。你是选择“遗憾”还是“悔恨”？

因此，从银行营销基金的角度考虑，强烈建议在“左侧赎回”，不论是客户还是银行营销员工，在欢声笑语中结束了本次基金投资。客户高兴，银行员工也很高兴。“右侧赎回”有太多的不可控因素，本着为客户考虑的宗旨，不应该为了多赚一些收益而导致风险不可控、心情不可控。

2.3 赎回后市场继续上涨，客户责怪怎么办？

在市场行情较好时，达到收益率目标就赎回，就容易产生这种现象，市场继续上涨，客户觉得怎么少赚钱了，部分素质较低的客户还会到网点抱怨银行销售人员让他少赚钱了。面对这种情况，银行营销人员可能会有两种应对方式，第一种，胆怯了，以后遇到基金投资收益率达到目标时，也不敢建议客户赎回了，让客户做出决定；第二种，更努力了，努力提升自己的市场判断能力，争取在下次投资时尽量让客户在最高点附近卖出。那么两种方式是否合理呢？答案是：**都不合理，且都很危险。**

第一种方式，是多数银行营销人员的正常心理反应，但这种做法是为以后的投资失败埋下了祸根。基金投资是长期的事，基金理财这种方式将会长期伴随客户，不是这一单成功就终结了，因此这一单多赚一点或少赚一点，并不会对客户的长期投资产生多大的影响，但是因为少赚了一些，而改变正确的投资观念，改变正确的投资方式，是得不偿失的，甚至是贻害无穷的。如果在下一单基金投资中，因为不再自信、不再坚信，也不再认真执行前期制订的投资计划，那么灾难很可能会降临。因为“止盈”动作被放弃了，那么“止损”动作更难被执行，如果遇上了阶段性地下跌，严重亏损、大额亏损都是正常的。所以，作为银行的营销人员，应该在心里明白，今天可能“舍弃”了一部分利润，明天可能会规避一次重大的损失。人总是对眼前的“失去”特别在意，却没发现未来的“得到”会是无数倍的偿还，“得失之道”莫不如是。解决银行营销人员的顾虑相对简单，但他们之后应如何与客户进行相应沟通呢？将“得失之道”解释给客户，可能会有一定的效果，将“培养正确的投资习惯”解释于客户，可能会有更多的客户愿意理解，沟通的话术可以是，“一次基金投资多赚几个点、少赚几个点都没那么重要，但因为几个点而破坏了投资纪律与投资习惯，将是后患无穷的，现在多赚的钱肯定在未来会几倍甚至几十倍地吐出来，所以宁愿今天少赚点，未来的机会多的是。”

但可能还是会有不少客户是“近视”的，未来描述得再好，也不如眼前多赚点钱更重要。那么，对于这类客户，银行营销人员要表现出一定的强势，强调“银行的理财是稳健为根本，收益为其次”，强调“行情的后续是风险大于收益，一段时间后再赎回，可能比现在还差，及时的落袋为安，是稳健的表现”，如果客户依然认为是银行让他们少赚钱了，那么对于这种极端的客户，**建议放弃他们！**因为，这类客户本身就不具备长期投资的素质与心理，就算这次“危机”过去了，以后还是会有很多麻烦。优质的客户那么多，银行营销人员不一定非要变成投资者教育的“圣人”，不一定每个客户都能成为长期的基金客户，这些客户只有被市场无情的教育后，才会醒悟的，暂时地放弃他们不失为一种解决方法。

第二种方式，是少数越挫越勇的银行营销人员写照。如果客户的需求（虽然我们认为这是不合理的需求）能够促使个别银行营销人员的努力提升，本身是件好事。但我们认为，这种心态的转变是非常不值得提倡的。其一，无论是多么厉害的投资者，也很难精确地在阶段性的高点离场，就算有几次侥幸成功，也不可能长期地保持这种水平。如果有这种水平，应该离开目前的岗位，私募基金的基金经理可能更适合他们。其二，营销是双方沟通与妥协的结果，客户提出过于苛刻或理想化的要求，作为营销人员的第一反应，应该是如何通过沟通，把客户的思想转变过来，而不是一味地迎合。其三，银行营销人员过于苛求单次投资的收益率，增加了自身的心理负担，同时也压缩了其他工作的精力与时间，不利于自身工作的合理安排与业绩均衡发展。因此，努力提升自身专业能力不应该出于客户的非分要求，而是出于提升服务能力的原因，不能因为客户的“殷殷期望”而无原则地放弃自己的立场。

3. 客户拖延或犹豫，怎么办

很多银行的营销人员为了使自己摆脱投资亏损的责任，在申购赎回基金时，只负责推荐介绍基金与当前市场，并尽量让客户来作出决策。这是非常符合银行营销规范的，但在微观操作中，尺度的把握确能产生截然不同的效果。

银行营销人员在基金推荐与销售中，扮演的角色是顾问与推荐者，可以劝说、建议、说服客户，但不能替客户做决定。但银行营销人员应该在执行纪律的同时，给予客户更多的压力。多数客户都是非常初级的投资者，投资经验是很少的，但市场不会因为你是初级投资者而有所照顾，反而更喜欢割“初级韭菜”。因此，银行营销人员还肩负着投资者金融教育的重任，其中包括帮助客户建立一个良好的投资习惯。这种帮助可以分为两个方面，其一，给客户灌输更多的资产配置理念、投资纪律，让客户有基础的投资理念与相应的理论知识；其二，引领客户在实战投资中养成相应的投资习惯，只有良好的投资习惯才是长期投资成功的基础。

投资中，知易行难是一种非常普遍的现象，明知道应该买入却犹犹豫豫，明知道应该止损却总抱着一丝幻想而如鸵鸟般持有。“知行合一”是需要有非常多实践的，理论的掌握与实际的操作之间，还有着巨大的鸿沟，越过这一鸿沟的方法，唯有不断地实践。在实践的开始，人性中的各种弱点都会不断地进行骚扰，让客户原本就不够坚定的信心与信念，可能随时崩塌。

那银行营销人员应该怎么帮助客户呢？最重要的就是在执行投资计划的关键时刻（例如，应该申购赎回的时机），给予客户更多的信心、引领与力量，要用更加明确的言语与更加坚定的语气，鼓励客户遵守自己做出的投资计划，鼓励客户在严格遵守投资纪律的道路上迈出坚实的一步。

那么，这样的做法，会不会引起客户的反感，甚至造成违规营销呢？关键就在于，投资基金之时就应该与客户做好约定，“一次的投资成败并不是最重要的，良好的投资习惯与严格的投资纪律是长期投资成功的保证，因此本次投资最终收益多少是次要的，而这个投资基金过程中的行为是最根本的”，同时与客户共同确定了投资的进场时机与目标收益率（甚至是止损点）。当基金收益达到了相应的位置，就回忆当初的计划，并鼓励客户严格地执行。这样的立足点就从根本上避免了基金违规销售的行为与可能。

基金销售过程中的观念更新是银行基金业务发展的基础，以上三个观点是最常见的错误，如果能够及时转变，则将从根本上改变银行基金销售的艰难现状。

第 6 章　银行基金营销模式转变

作为一家企业，任何银行在进行基金销售目标制订时，都会以企业业务发展作为第一考虑视角，而不是以市场的方向，这是因为业务发展是恒定的、向上的，而市场是多变的、不确定的，作为阶段性业务发展的重点，银行高层的业务指标是以企业发展、客户需求为依据。进一步说，银行的业绩压力并不会以“市场并非牛市”而减少，基金业务的目标亦不变。这样制订目标的理由可以有很多，“市场底部时让客户购买基金更合理”“客户应该是以资产配置为主要，不以投机为主流，所以市场不好更应该配置”“合适的产品销售给合适的客户，总有客户是需要基金投资的”，等等，无论有多么合理的理由，基金销售业绩在市场不佳时会下降，是确定的逻辑。

同时，上级银行下达的业务指标，会有更多层面的考虑，比如首发基金的中间业务收入很高，或者部分基金的合作关系很好，需要进行关键时刻帮助，等等，所以这些临时、突发性的业绩任务也不会考虑市场的情况。

这种情况是普遍存在的，甚至是有很强现实合理性的，那么这种业务发展的模式是否有问题呢？肯定有。

1. 银行传统营销模式

在银行渠道营销基金，传统的营销模式多数是如图 2–5 所示。

第一步：“下任务”。由上级行下达本年度或本季度的基金营销任务或是临时下达新基金任务，从分行下达到支行，从支行下达到每个网点员工。这种由上级行主导的任务分解过程，在支行层面，一般在均分的基础上，考虑目前支行的体量与之前支行基金销售情况，进行一定的调整；在一线员工层面，一般以岗位作为划分基础依据，营销岗位（理财经理、产品经理为主）占多数比例，业务岗位（柜员、大堂人员）占少数比例。

第二步："筛客户"。员工在接受任务之后，开始筛选潜力客户。一般有三种渠道，其一，在银行内部的客户管理系统中搜索出曾经购买过基金的客户；其二，根据平时客户 KYC 得到的信息中筛选出对基金有兴趣的客户；其三，在支行网点的到行客户群体中，通过沟通得知有基金购买需求或意向的客户。

第三步："促销售"。在确定目标客户后，通过运用各种营销话术与方法，讲述销售基金的各种卖点，展现自身的销售能力，最终将客户拿下，完成了销售工作。

本应该有的第四步"基金追踪"、第五步"赢利赎回"，但在绝大多数银行一线营销人员的销售流程中，这两步是没有体现的。

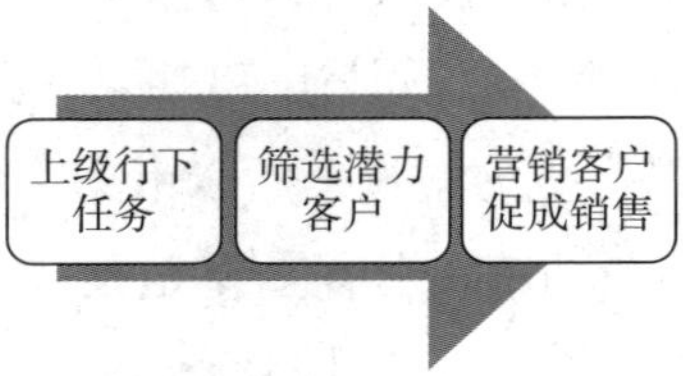

图 2-5　银行传统基金营销模式

2. 传统营销模式的弊端

银行这种传统的基金营销模式是目前基金营销"看天吃饭"、业绩大起大落、客户大量套牢的主要原因。

2.1 基金营销要收益，但上级行很难把握行情与方向

基金在银行销售的产品中，属于较为特殊的一种。因为银行的多数产品是服务类产品，收取的费用多数是服务费用，客户可以选择接受服务或不接受服务，服务费用在服务结束后收取，并且服务合同在服务结束后自动中止，而服务是否满意、是否愿意下一次继续接受服务基本在这一刻确定。但基金产品这种代理销售产品，是属于投资类产品，并且是银行代理销售或直

接销售的投资产品中影响群体最多的一种。基金产品销售之后，虽然服务费用（基金申购费）已经收取，但服务并未中止。虽然从代销合同的角度，银行已经完成了服务承诺，但由于银行希望客户能够持续地在银行购买相应产品，银行相应的营销人员必须肩负起诸多基金公司应该承担的后期投资建议与追踪服务。

同时，客户购买基金的收益结果是关乎是否会有下一次购买的关键因素。但这一关键因素很大程度上依赖于资本市场的表现，银行营销人员很难把握。而银行传统基金营销模式中，对市场的分析与把握是由上级行进行的，并发布给一线营销人员，但由于各种原因例如不愿意承担市场责任或者专业水平不够，等等，这种对市场分析与把握的准确度也较低，而下级行在受过几次伤后，很难再有行动力与信任感。

2.2. 银行业务管理部门的诉求与突击任务

对于销售型企业，营销应该是全天侯的。虽然由于各种外部原因，销售业绩可能会出现变化，但从银行的角度，还是希望全年都有销售、各年销售呈现上升甚至是大幅的上升状态。因此很多银行的考核周期不断细化，从年度指标到半年考核时序完成率，到季度任务分解，到月度进度调度会议，甚至在关键时期进行以周 / 天 / 小时为单位的业绩完成情况通报。

从销售管理的角度，这些方法都属于非常标准的 PDCA 目标分解与分步执行，在实际操作中也证明这种方式是非常有效的，特别是针对短期业务的突破效果尤为突出。而这种短期业务冲刺带来的业绩爆发性增长，也给银行基金业务的管理部门造成了假象，认为“基金业务为什么之前做不好，而为什么在上级行搞活动、给政策补激励时就可以做好呢？”，是因为“一线营销人员对基金缺乏认识与关注，缺乏应对客户异议的话术，缺少业绩激励的刺激”。

如何提升“关注度”——阶段性运动式

如何突击练习话术——阶段性运动式

如何增加业务激励——阶段性运动式

所以在需要提升基金业绩时，就用这种短期冲刺的行动。殊不知，这种运动式的做法，每用一次，都会造成下一次使用难度的大幅增加。一方面，面对同样的业绩要求，营销人员需要更多的物质刺激，因为人面对相同刺激的免疫能力会不断增强，运动式业务增长的成本会不断地上升；另一方面，这种业务冲刺是不会过多关注市场的涨跌，盲目地因为业绩需要而购买基金，亏损的可能性大大增加，而且这种业务运动过程中，为了能够快速成交，银行营销人员或多或少会表现出对于业务成交的急切，客户感受不佳，一旦营销运动过去，运动中购买基金客户就少有人进行后期追踪了，最终使得这批基金投资客户的体验感很差，下一次再有类似活动，这批客户的复用率堪忧，只能再去寻找新的基金客户。因此，运动式业务冲刺只是前几次比较有效，越往后越难提升业绩。

3. 如何平衡基金业务与上级考核

银行一线营销人员很可能会由衷地赞同，并且开始了诉苦大会，强调上级考核的不合理、经常性会有政治任务、做一次活动伤一次客户、客户对基金亏损的态度、当地客户的特殊性、业务开展的困难性，等等。其实，业务进行过程中，都会有各种困难，营销人员也应该是俯下身去慢慢解决，而这种业务发展需要与基金业务特殊性之间的不协调，是可以用其他方法来平衡的。

3.1 话语权是要靠业绩来争取的

是不是银行一线营销人员对基金业务没有话语权、没有选择权？也不尽然。很多理财经理在接到新基金任务时，如果认为此时不合适基金投资，或者认为此基金确实不好，会与上级进行沟通讨论，甚至不执行此项基金任务。但请注意，这样的理财经理一定是之前基金销售业绩非常好。

例如，理财经理 A 与理财经理 B，在本年度的基金销售业绩天差地别，理财经理 A 自年初已经销售了股权类基金达到 1000 万以上，而理财经理 B 的基金销售业绩则只有不到 100 万。在接到基金任务时，两位理财经理都提出“此基金不行，还是不要大规模销售”，这时银行领导会怎么想？对于理财经理 A，可能会认真考虑一下提出的问题，毕竟前面的业绩是摆着的；

对于理财经理B，很可能会认为“懒病又发作了吧？这基金不行，那基金不行，这一年就没看到你说哪个基金行的，是不是你不行啊？”，于是严肃地驳回意见，要求快速完成任务。

一年中，总会有一部分基金是好的，有一部分是差的，如果希望能够对部分差的基金说“NO”，那么必须要有足够优秀的基金销售业绩作为支撑，空口白话地要求上级领导减少业绩任务是不现实的。但从上级管理部门的角度，并不是非要短期业务突击，而是因为整体基金业务发展较弱，在没有其他方法的情况下，才采用短期考核的方式，如果之前的基金业绩已经非常优秀，就没有必要非逼着销售某只基金或某阶段必须销售基金。并且，这种短期突击活动基本都在年度的后半程，是看到了当年基金销售业绩不佳时，才会拿起运动式冲刺的武器，这也是无奈之举。当然，个别的“政治任务”式的基金销售也是有的，但毕竟是少数，当整体基金销售不错时，这点“政治任务”是不会对客户有什么伤害的。

3.2 主动式基金销售

在抱怨基金的考核密度与考核方式时，银行营销人员首先应该考虑的是如何在没有短期销售压力时，先把基金销售业绩做好，把基金销售工作做在前面，平时多关注市场，在市场合适的时候多销售基金，主动地销售基金，而不是等到需要短期冲刺时再急切地去销售基金。

正常的基金考核目标是提前制订的，一般与前几年基本持平。多数上级业务主管部门都会考虑业务的稳定性与一线营销人员任务的一致性，因为这样可以使得营销人员提前准备客户资源，利于业绩的持续增长，也让前期投入的培训力量有持续发酵的周期。那么一线营销人员完全可以提前估计出下一阶段的基本任务，并提前做好准备。

例如，一季度的基金销售任务是多少，虽然可能还没有公布，但根据去年一季度的任务数据加上一个增长百分比，相差并不大，同样对于后面季度的任务也可以进行预估。在市场时机比较合适的时候，不管是否有上级业务管理部门的压力，都主动进行基金销售，那么在前半年就已经完成了大部分的基金销售任务，在后半年时应对各种基金销售压力时就不至于没有选择。

那么没有短期销售冲刺，也没有指定的销售基金，应该销售哪些呢？每个银行的总行都会提供当前季度的重点持续营销基金池，基本都是经过挑选、较为优秀的基金，且各类型基金都会有，完全可以作为银行一线营销人员的销售对象。

主动式基金销售提高了基金投资的成功率。前文论述过，基金销售的持续性来自于客户基金投资的赚钱成功概率，成功率越高，持续购买的可能性就大。而迫于业务管理部门压力做的基金销售，天然成功率就低一些。主动地去寻找、等待市场的机会，在相对心平气和的氛围中做出的投资决策必然更容易成功获取收益，同时，由于是营销人员主动地去开展基金业务，对于基金售后方面也会投入更多的注意力，客户的体验也更好，那么下次继续购买基金的概率大增，从而形成了良性循环。

因此，面对当前的银行销售任务体系，主动式基金销售，提前布局、提前完成，是做好基金销售工作非常重要的一环。

part 03

第三篇 银行基金业务开展的八字功法

经过了前几章节的分析，我们已经意识到在基金业务发展过程中常见的一些错误认识，那么在本章节中会提出如何避免这些问题以及如何整理出一套适合银行基金业务发展的方法、过程、细节等。

银行代销基金业务发展中，多数基层网点在这项业务中是很弱势，可能一个网点一年的基金销售（除去货币型基金与纯债基金）无法超越 100 万，但也有一部分网点一年的业绩可以超越 1 亿的大关（请注意，可能只有一个理财经理），甚至在市场较好的年份可以达到 2 亿、3 亿，中间的差距可以百倍计算。

是不是这些网点的人员很特殊，例如是否专业性特别强，对投资市场特别有研究？多数不是。

是不是这些网点的基金业务奖励特别丰厚，上级行始终对基金业务的激励很高？多数不是。

那是不是这些网点有特殊的方法来做基金业务？是，也不是。方法谈不上很特殊，但确实与多数基层网点的做法是不一样的。

那是不是这些网点成功的方法都不一样呢？不是，经过观察，成功的做法是非常相似的。

正因为这些网点基金业务成功的要素有很强的相似性，我们总结出完整方法的八字功法，作为理论沉淀，并上升为一般的方法论，可以作为指导整个银行业在基金销售中的业务工作。这个方法论分为内功与外功两部分，分别代表了基金销售中的单个客户操作方法与批量完成基金业务提升单位时间效率的方法。

第1章　内功心法——“少赚多次”

本章节是结合了前面所有章节的问题，提出的单个基金客户在基金投资过程中的方式，即为“少赚多次”。“少赚”代表是每次基金投资的收益率低，而“多次”是代表一年可以适当提高交易频率。

图 3-1　少赚多次，用一路小跑代替大步向上

1.1 主动降低单次基金投资的收益率——“少赚”

在银行基金销售中，主动地降低每一次客户基金投资的预期收益率与实际收益率——在心理层面上，降低客户的收益率预期，在操作层面上，降低赎回基金时的收益。前面已经关于这个观点，做了很多的意识观点的铺垫与准备，现在总结如下。

对客户的益处：

提高单次基金投资的成功率

减少长期基金投资中的各种焦虑情绪

增加投资练习的次数，巩固良好的投资习惯

避免一些常见的投资错误（例如，投资坐电梯等）

对银行销售端的益处：

提高单次基金投资的成功率

有效减少客户持有基金的时间，提升资金在银行的贡献度

提升客户对银行与银行营销人员的信任度与友好感

有助于客户在本银行的黏度与业务覆盖度

降低其他产品的营销难度

这是对双方都有利的方式，但为什么绝大多数的银行一线营销人员，甚至是基金业务的管理部门，都没有意识到这个问题呢？可能有几个原因。其一，过度高估基金收益：认为基金投资应该可以有更高的收益，特别是在看到“最近一年涨幅多少”“最近三年收益翻倍”等的基金宣传，心中虽然感觉这么高的收益可能无法做到，但 20%–30% 总应该有吧。其二，过于“善良”，过于“想替客户多赚钱”：如果有可能会有更高收益率，为什么不给客户呢？于是竭尽所能、超出所能地帮助客户达到高收益。其三，过度相信“基金应该长期持有”这样的基金宣传话语。其四，过度相信“基金手续费这么贵，不能频繁交易”这样的概念错误。

这些原因多数是因为概念不清，或者是“想当然”的结果，我们来深入地剖析这些问题。

1.1.1 批判“过度高估基金收益”

人们容易受到宣传的影响，特别是在高收益率数字的刺激下，看到这些数字，心中感觉“如果我在一年前买入，现在就发财了”，以至于产生联想“如果我现在买，一年后会不会也是这样的结果”。银行营销人员本身也是投资者，只是对于基金产品更熟悉一些，但一样会有投资的冲动与对利润的渴望，所以容易在知道基金产品的一些宣传信息后对基金产生更多的收益幻想。但是对基金收益的深入分析后会发现，很多收益的数字可以是被人为地选取了合适的时间段，基金的一般年化收益多数集中在 10%–20% 之间。

1.1.2 批判“过于善良、过于想替客户多赚钱”

看到这样的评语，可能有很多的银行营销人员会觉得委屈，明明是为了客户着急，本着为客户多赚钱的宗旨，有什么错？那么别着急，先回答一个问题，推荐客户进行基金投资是银行营销人员用自己的钱投资还是别人的钱？如果是后者，我们是不是应该把客户的心理因素考虑进去？可能从客户自己的感受来说，只要能赚钱就行，等一段时间也没问题，但真正在亏损的过程中，真正在长期无法扭亏的煎熬中，又有几个客户能够坦然面对，又有几个客户能够一如既往地信任支持银行的工作？作为银行营销人员，要全面地考虑客户的情况，赚钱只是其中的一个方面或指标，客户的心情、客户的心理感受、客户家人的责备等，都会使情况恶化，因此以更快的速度让客户有收益，并且落袋为安，才是真正为客户着想。

1.1.3 批判“过度相信基金应该长期持有”

基金投资应该长期持有，相信这句话已经在银行业流传了很久。那么这句话是否正确呢？要看我们的标准是什么，也要看具体的市场阶段是什么。如果标准只是看长期能否赚钱，那么这句话是正确的，但中间过程的艰辛却不足为外人道也。也有很多宣传认为，基金买着就放那儿，过几年再看，可是有几个客户在购买基金后能做到一个月不看的？甚至一周不看的客户都是凤毛翎角。又有人指出，“那应该多教育客户，让客户有正确的投资观念”，说这句话的人一定不是银行营销人员。一位客户对于银行而言，不仅仅是可以投资基金，还有很多很多金融产品可以推荐，而一位客户对于银行的贡献，基金这点中间业务收入只是很小的一部分。因此，在很长一段时间内，我们对待客户是在教育与妥协中度过，甚至是妥协的情况更多一些，毕竟银行间的竞争越来越激烈，所以一味地强调“教育”客户，可能就把客户教育走了。其实在满足客户的基本投资收益后，完全可以尽早离开市场，“长期持有”只是投资方式中的一种。

综合本章节所述，“少赚”是银行基金营销人员必须建立起来的投资心态，这个心态的扭转是快速提升基金业务、长期固化基金业绩的必经之路。

1.2 适当提高一年中基金交易的频度

很多人相信“基金手续费这么贵，不能频繁交易”，但其实这个观点是有错误的。在银行渠道进行基金交易，手续费确实是贵的，类比股票交易，基金交易的手续费是股票交易的8倍左右（股权类基金交易的进出手续费大约在2%，而股票交易的进出手续费在1.5‰-3‰）。那么是否结论就应该如此呢？我们可能误解了“频繁交易”到底有多频繁。中国A股市场的散户股民，对一只股票的持有时间，多数人不会超过两个星期，那么一年可能有几十倍于投资资金的交易金额，估算下来一年的手续费是本金的5%-10%左右。如果是这样的“频繁交易”确实不是基金交易能够承受的，但我们也不用将基金交易走向另一个极端，可能一年交易一次，或者几年才交易一次，这样的减少交易做法是没有必要的。如果用与股票交易同样的手续费标准，基金交易在一年中可以进行3-5次。在这样的频率下，是完全可取的，也是可以接受的。

当然，我们同时也要强调基金分仓投入以及止损的重要性，这样才能操作层面上保证同一笔资金在一年中可以有多次的交易机会。关于基金的操作优化方法在本篇的后面会详细叙述。

我们适当地提高基金交易的频度，很多思路就会扩展开来，而这种方式的优势可以简述如下。

从客户的角度来看

优点：

担惊受怕的时间减少了

收益的确定性提高了

投资的经验丰富了（交易次数增加导致接触的频率增加）

良好的投资习惯养成了

长期套牢的可能性减少了

受家人埋怨的可能性减少了

缺点：

可能赚的钱会少一些（针对牛市行情要少赚不少，但在震荡行情中未

必少赚）

多交了手续费

从银行的角度来看

优点：

基金业务的业绩上升了

客户的沟通机会增加了（有更多的机会与借口见到客户）

资金利用率提高了（达到基金业绩任务所需的资金量减少了，且此部分资金多数时间可以作为活期存款存在）

客户购买其他产品的机会与可能性提高了

客户与银行的黏性增加了

缺点：

好像没有缺点

为什么多数的银行不采用这种方式，具体原因在上一节中已经有了详细地叙述，本节就不再赘述了，但其根本原因还是在基金业务的基本观点上没有突破，一旦将观点、观念理清，自然一念通、万念通了。

1.3 内功心法总结

所以，我们将银行发展基金代销业务的内功心法，定义为“少赚多次”，在这个观点上理清后，过去很多基金业务发展的掣肘都会迎刃而解，我们简单列举几个常见的困难并用此内功心法加以解决。

客户基金亏损，造成后续营销困难

这里的“基金亏损”一般指亏损的比例比较大、时间比较长，多数是在牛市高点或者市场的阶段性高点购买的基金。由于强化了收益目标的控制与止损目标的控制，这样的情况就不会发生，或者发生之后的责任与问题不在银行端，解决的难度也会大大下降。

客户基金亏损后，无法营销其他产品，还不如不做基金

客户的基金持有时间缩短，不让基金成为其他产品的营销障碍，甚至由于基金投资的成功率较高，很可能会提升客户的信任度，从而加速其他产品的销售。

客户购买基金后，经常来网点询问情况

客户的基金持有时间较短，客户会减少询问的机会，而再次来网点反而会增加客户面见的机会，并为其他产品的营销打下基础。

这些只是众多网点基金营销常见问题的一部分，后续中还会呈现更多的实际问题，但这些问题绝大多数都可以在八字功法中解决。

第2章 外功心法——“团队进出”

在有了内功心法外，我们依然还有一些问题解决不了。例如一个银行基层网点，如果希望把基金销售作为网点的中间业务收入支柱之一，就需要有相当的销售量。多数银行基层网点一年的中间业务收入在100万－300万，我们把中间数200万作为计算依据，那么要将基金业务作为支柱之一，至少基金销售的中间业务收入占总数的三分之一到二分之一，即70万－100万。假设基金销售的中间业务收入为销售额的1.5%（多数股权类基金的中间业务收入比例），那么这个基层网点一年至少要销售4500万－6700万。这个数字对于绝大多数的基层网点是非常难以达到的，所以我们还必须解决“基金的批量销售”问题，这个问题的解决方法就是八字功法的外功心法——“**团队进出**”。而基层网点在掌握了这个外功心法后，我们认为一个营销人员（例如理财经理）发挥正常就可以达到5000万以上，其中较为优秀者，一年的股权类基金可以达到1亿甚至几亿以上。

有了对基金销售基础任务的数量认识，可以知道一般的客户营销模式会遭遇巨大的问题，基金销售无法用单独客户一对一营销的方式进行，必须有批量营销的机制与方法。一般的银行营销人员的基金销售，多数是有以下几个步骤：

1. 发掘基金潜在客户：在网点营业室的大厅中识别或通过询问，发现对基金投资有兴趣，或之前有过基金投资经验的客户；在银行的客户管理系统中搜索出目前持有基金或曾经进行过基金投资的客户，或者符合特定条件的客户群体，例如资产数量、年龄、历史产品购买等；在不同渠道进行基金投资宣传，从而获得的客户群体，例如外出拓展社区、企业客户时发掘，微信发送宣传资料有反馈，等等。

2. 在有基金产品或市场时机良好的情况下，邀约面见或致电客户，推荐、建议客户购买相应的基金产品。不熟悉的客户，一般需要在银行网点面对面沟通后，在柜面、网银、手机银行完成交易；熟悉的客户，一般可以在电话中说明，并由客户自己在网银、手机银行操作完成。但每次购买前的劝说、推荐、建议环节是不能少的，一般需要 5–30 分钟（面见的客户，可能会更长）。请注意，邀约或致电给客户，是有一个时间差的，例如客户当时可能较忙，没有时间到网点或没有时间接听电话，或者客户在听完建议后希望能再考虑一下，推迟基金的购买时间，那么整个过程会被拉长，是否成交或购买基金的时间非常不确定。

3. 如果达到收益或需要止盈止损时：同样要经历一遍客户联系过程，邀约面见或致电客户，并与客户说明目前的市场情况、基金的情况、未来的市场预判等资讯，并劝说、建议客户赎回基金等。客户可能没有时间到网点，没有时间接听，或者在与银行营销人员沟通后希望能够再考虑一下或再持有一段时间，导致基金赎回推迟延后，真正赎回基金的时间也非常不可控。

图 3–2 团队进出，整齐划一才有战斗力

在正常的基金销售步骤中，我们看到，客户的个性化导致了营销动作与成交动作很难有一致性，那么结果是，不同的客户在不同的时间购买，购买的基金还不一样，导致银行营销人员需要用大量的时间去管理这些客户与已购买的基金，每日查看净值、通报客户等，同时多数营销人员不会使用相应软件进行简化管理，致使普通银行营销人员很难将基金客户这个群体做大，很难将基金销售的数量大幅增加，那么我们怎么做呢？八字功法中的外功心法“团队进出”就是最好的解决方式。

2.1 团队组建的形式、数量、人员条件

这里的“团队”一词，即为基金客户群，但只是基金投资客户的一部分。我们组建这个团队的目的是能够引导、建议这些基金投资客户能够在市场投资条件合适的情况下，在同一天（至多2–3天内）完成申购与赎回基金的动作，且交易基金的对象控制在2–3个基金以内。可能会有很多人提出，客户根本不可能如此听话、如此配合。那么，我们反过来思考，是否有客户会比较认同银行营销人员的建议，反应速度比较快捷呢？肯定是有的！所以，我们不是让每个客户去适应这种高执行力的方式，而是挑选能够适应的客户。

基金客户筛选的条件：

1. 听话！执行力强！这两个词其实是一回事，但后者表述的可接受性较强。在这样的团队中，听话是唯一的标准，如果在基金的交易过程中表现了优柔寡断、瞻前顾后、犹豫不决等迹象，那么下一次基金团队交易时将不再列入名单。在银行营销人员的平时客户维护中，有意识地留意这类客户。这类客户的基本特质是，对投资有兴趣但对于深入了解投资没有太大兴趣，有兴趣投资但知识专业背景与投资相差较大，女性居多，等等。

2. 在银行资产量或客户资产总量不大。一般资产总量不大的客户相对可能表现出听话的特质，其实原因可以反过来思考，一般资产总量比较大的客户，相对比较强势，也比较有自主性。原因可能有两方面，一方面，由于银行网点对于金融资产在300万以上的客户，都会贴上“大客户”的标签，在日常服务的态度、支持力度等多方面都会有所倾斜，那么久而久之，客户也会觉得高银行营销人员一等，对于所销售的产品很难产生马上的信服感；另一方面，金融资产量在300万以上的客户，多数并不是工薪阶层，一般都有许多财富层级接近的朋友，这些客户更愿意在做出投资决策时听听朋友的意见，从而造成操作时间的偏差。同时，我们选择相对在银行金融资产量较少的客户，还有一层原因，因为基金投资中，无论怎样小心谨慎，依然可能会亏损本金，而客户对亏损的态度是非常不确定的，可能有部分客户因基金亏

损而离开此家网点，那么损失一个50万级以下的客户对网点的影响大，还是一个300万级以上的客户？结果不言而喻。所以，一般可以选择在银行的金融资产不高于50万的客户（当然，这里面的金融资产并不是客户所有的金融资产，可能在其他银行还有产品或存款，所以一般可以配20万–30万资金于基金投资）。

有些银行基金业务管理者，认为大客户在进行资产配置时，由于本身的风险承受能力强，配置的资金多，因此单笔基金投资的资金会比较大，但我们不能高估大客户在本金亏损时的态度与自身素养。大客户会不会因为自己的资金量大，认为亏损一些钱问题不大？显然不可能。甚至越是大客户，对于银行的态度越不客气，造成的影响与问题更大。

案例：贾先生的基金投资

贾先生是某支行的私行级客户，本身经营一家企业，在该支行有对公账户，并有多种业务。某天，支行行长带着贾先生来到理财室，介绍给了自己最信任的理财经理老张，并希望给贾先生做一些资产配置。贾先生在沟通中，表现出了对基金投资的兴趣，并由于当时行情较好，当即拍板买300万的基金。基金的质地不错，过往表现也比较优秀，虽然理财经理老张提出让客户分批购买，但贾先生认为分批太麻烦，还是一次性买入，并表示还有其他资金可以以后再补仓。当天，贾先生完成300万的基金购买后，还买了1000万的三个月理财产品。

行情风云突变，贾先生买入的位置几乎是阶段性高点，在随后的两个月中，基金净值下跌了20%，客户亏损达到60万。客户很愤怒地指责理财经理的无能，丝毫没有表现出一个高端客户的素养，原来计划中的补仓动作自然也是胎死腹中。理财经理求助于笔者，该如何处理这样的客户，笔者的建议是此基金不错，行情也只是一波回调，完全可以补仓。理财经理心情略平地回去了，虽然在客户购买基金的五个月后就回本且有一定收益了，但客户在理财产品到期后就将资金转走了，并且将对公账户也转走了。

点评 并非每位高端客户都会这样，但任何一位大客户的损失都是理财经理莫大的痛苦，需要花费更多的精力与时间弥补回来。当理财经理对于基金操作并不熟练，对客户的掌控度并不高时，优先将中端客户作为基金经营对象，是比较稳妥的做法。

3、如果客户金融资产多，但又很听话，怎么办？毫不犹豫地，选入！这两个条件中，听话是核心，因为听话就代表着投资执行力强，就越少出错，投资结果的可控性更强。如果有客户既听话，资金量又大，只能说，你很幸运又很幸福。

团队的人员数量问题：

由于是在银行的客户群体中筛选出合适的客户，而且要求又比较严格，就不可能大批量地出现此类客户。那么多少客户合适呢？一般而言，30位客户就够了，40位以上时，基金销售业绩会很惊人，而据我所知的一位理财经理只用50位基金客户，就能达到一年股权类基金销售2亿人民币。如果以30位客户，平均每位客户的基金投资金额在20万–30万，那么一次团队集体基金投资进出，销售额在600万–900万左右，一年进行4–5次基金投资，一年的股权类基金销售额就会在2400万–4500万。这个数字对于绝大部分的银行基金营销人员而言，都是天文数字了。

一般而言，一位专职银行营销的人员，管理客户数量一般在200—400位左右，几乎是十里挑一的筛选条件了，应该说找到30位符合条件的客户是非常可能的。同时，由于基金投资业务的开展，客户介绍客户的情况也会经常发生，找到合适客户的概率也会大大增加，根本不用担心客户数量的问题。

2.2 团队的发展历程与运营过程

我们的目标是组成一个30人左右的基金投资客户团队，但不是一开始就去找到30位合适的客户。这个团队是慢慢发展起来的，可以从1位客户开始，慢慢地熟悉并掌握“少赚多次”的内功心法，在最开始的1–2次基金投资的练习中，引导、建议客户的基金买卖，从1位客户变成2位，2位变

3位，3位变5位……如此团队逐渐扩大。其实在团队的发展历程中，最难的部分是在1位客户变成5位客户，因为这个过程伴随着内功心法的练习与掌握，从5位变成10位，从10位变成20位，反而是水到渠成的事。因此，我们不要在计划之初就设想得太好，要脚踏实地一步一步走，认认真真地做好第一位基金投资客户，毕竟这个模式的复制是非常简单的。在团队的壮大过程中，最核心的问题是什么？是坚持客户的筛选标准。听话、执行力强是坚决不能动摇的原则与准则，一旦动摇了这个基础，就会发现团队的发展出现了各种问题、各种掣肘、各种不顺。基金投资客户团队的建设，一定要筛选符合标准的客户，一旦有客户表现出执行力弱的情况，那么这个团队就必须把他/她除名，在这点上没有通融的余地。

基金投资客户团队从1位客户，慢慢发展到30位左右，大约需要多少时间呢？因人而异，如果是自己慢慢摸索，一般需要2年左右，如果有正确的指导与指引，至少需要1年。因为1年就操作4–5次，即使每次团队的数量都在增加，也需要如此长的时间。那么，这个团队的组成客户是不是一直不变呢？是不是每一位增加的客户，都会一直在团队中呢？不是，这个团队的数量是动态平衡的。原因有两个，其一，在基金投资的过程中，发现了部分客户执行力弱的问题，且在劝说后没有改变的迹象，被动踢出团队的；其二，在基金投资过程中，总有投资失败、本金亏损的时候，这时就会有一部分客户对你失望，从而不再听你的基金投资建议，主动离开团队。如何处理后一种情况呢？你需要先认清一个事实，“**一次投资亏损都不能接受的客户，不是合适的基金客户**”，这样的客户根本没有做好基金投资的准备，他们也不应该在基金投资客户团队中。但不用担心，由于我们一直在强调基金投资的成功率，成功赚钱的次数会远大于失败亏损的次数，所以当亏损出现时，一部分客户的离去，正好是“团队整风”的过程，留下来的客户是经过了考验的客户，是适合基金投资的客户，而我们可以再发展这个团队的人数，当投资成功1–2次后，数量可能会超过之前的峰值。因此，团队人数动态平衡的含义是，客户人数随着各种原因增加或减少，我们有意识地控制在30人左右。

在基金投资客户团队基本形成后，我们用什么手段来管理这个团队呢？是不是需要建立一个微信群或QQ群，方便在市场时机合适的时候通知建议呢？千万不要！30个人在一个群里是有诸多问题的。其一，各个客户愿不愿意让别人知道自己的投资情况？很多客户是不愿意的；其二，让他们聊什么呢？由于基金投资频率是一年4–5次，即平均2–3个月有一次投资的动作与机会，平时在群里说什么呢？聊自己的基金投资单次收益有多低？一些心怀不轨、用高收益忽悠的人肯定存在，一旦群里有这样的客户存在，局面就会失控；其三，有客户因为种种原因退出时，其他客户如何看待？会不会对你的能力产生怀疑，会不会减少对你的信任？因此，“单线联系”是比较可取的。银行营销人员自己有一张团队客户的名单，每次需要提示客户时，依次通知，点对点告知。由于基金购买交易在下午3点市场收盘前都是一样的，所以完全有单线联系的时间。当有客户退出时，就在自己的名单中删去，对其他客户没有丝毫的影响。这些团队的管理办法是在“血的教训”中提取出来的，曾经有一位理财经理在练习外功心法“团队进出”时，为了方便管理就建立了微信群，结果里面乌烟瘴气，发什么信息的都有，因为都是自己的客户，也不好意思严厉制止，最后只能选择解散这个群，同时也损失了一大批培养起来的基金投资客户。

基金投资客户的团队依照“循序渐进”的方式建立，本着“动态平衡”的心理运营，按照“单线联系”的方式管理，以此长期存在且发展下去。

3.3 基金投资客户团队的人员控制

在基金投资客户团队的人数是，我们定义为30人左右，原因有两点。

其一，现行银行的任务体系。因为从基金销售业绩要求的角度，30人的团队就能大大超过任务目标，而银行营销人员的产品任务是非常多样的，除基金任务外，保险、黄金、信用卡、存款等，指标繁多，且单项任务过高并不能抵消其他任务的不足，所以在基金业绩靓丽的前提下，减少客户数量与时间精力的消耗是十分必要的，省下的时间精力可以顾及其他的业绩任务。因此，我们定义的团队人数是充分考虑了目前多数银行的任务体系而设计的，如果某些银行允许只做单项任务，那么可以把团队人数的上限提升到

50–70 人。曾经有理财经理的基金客户团队达到 70 人，当年的业绩超过了 3 亿。

其二，银行基金营销人员的心理承受能力。如果将团队的客户数量增加到 50 人以上，按照“少赚多次”的内功心法，一年的基金投资操作次数控制在 4–5 次，要创造销售 1 亿的目标，那么单次投资的金额会达到 2000 万 –2500 万，即平均每个客户 40 万 –50 万的投资资金。面对这样巨大的数字，多数不够成熟的银行基金营销人员是很容易产生巨大心理压力，甚至造成投资操作的失误。这种情况可以通过两种方法得到缓解，一方面，通过“循序渐进”的方式增加单次基金投资金额，慢慢适应资金量的增长；另一方面，银行网点其他员工的支持，特别是网点领导的信任，进行有效的压力分担。但对于多数的理财经理，30 人的团队是较合理的选择。

案例：哭泣的李经理

李经理是一名某国有大银行的理财经理，虽然所在网点在市汽车总站周边，周边客户资源非常有限，但李经理就靠着基金业务，让网点的中收一直维持在较高水平，基本每年的股基销售都会过亿。李经理大约有 40 位基金常交易客户，单次基金投资会达到 2000 万以上。在一次基金投资中，由于市场出现突破的暴跌，几天的亏损就达到 10% 以上。虽然李经理有把握这次的下跌是特殊原因造成的，随后肯定会慢慢恢复过来，但是必须及时进行客户沟通与维护，让客户的情绪不要恐慌。于是，李经理与两名网点的产品经理，在下班后，一起依次给客户打电话说明情况。客户的反馈很好，不但没有怪李经理，反而安慰她，让她不要在意。晚上九点，终于打完了所有的客户，三人在网点中抱头痛哭，总觉得压力太大了。

点评 心理的耐压能力是慢慢培养而成的，不能因为几次成功的基金投资就飘飘然地觉得自己的投资能力很强。过快地放大基金投资规模会在随后的投资中束手束脚，反而造成投资难度增大。

如果随着银行基金营销人员业务的熟悉度增加，基金投资客户的团队人数还是会慢慢增加。那么，为了减少因为其次基金投资亏损造成团队的巨大波动，可以把团队进行拆分，拆分为 2 组或更多，如果有一次市场合适的机会，只让其中一组或一部分成员参与投资，这样会有效地减少团队的整体风险，让团队的稳定性大大增加。

3.4 团队外的基金客户如何对待？

从资产配置的理论来看，多数人都应该根据自身的情况，或多或少地配置一部分基金。那么在八字功法的外功心法中，只要求对自己管辖客户的十分之一进行经常的基金推荐与基金买卖建议，那么其他客户怎么办？对策就是，**做好服务，不作劝说性推荐**，只作资讯的提供，尽量让客户自己来做全程的决定，最终目的就是在做好客户服务的前提下，把自己摘出来。

为什么我们不是本着每个客户都要服务好的宗旨与原则去践行呢？我们有这样的八字功法，为什么不去扩展、推广到多数客户呢？主要有两个方面的考虑。

其一，客户在投资上的层次是差异巨大的，包括天赋与经验。很多人的性格可能天生与市场投资是相斥的，需要很多的努力才能慢慢磨砺自己的性格使得能够适应市场的节奏与变化，甚至很多人可能一辈子都无法磨砺成功。简单粗暴地描述，就是这些客户当下还不适合风险投资。那能不能引导他们走上正确的进步道路呢？有可能，但是时间精力的大量消耗、不断地反复将成为常态，并且这种进步与磨砺更多需要自己的前进意志与灵光一闪。如果客户本身没有意识到投资对于未来理财的重要性，不是自发地认识到投资理财的必要性，很难有动力克服路上的各种艰难险阻。回到现实情况，我们的银行基金营销人员，已经被日常业务与各种指标折磨得死去活来，就算希望能够引导客户成长，也不会有那么多的时间精力；且我们的营销人员与客户的地位关系，无法成为导师的角色，所以很难有良好、立竿见影的效果。

其二，客户对于银行的意义是非常广泛的，不仅仅是基金销售的那点中间业务收入，更重要的还有存款、消费贷款、信用卡、黄金、保险、对公业务……虽然基金投资的决策是客户自己完成的，但基金亏损后，会不会心情不好？会不会迁怒于银行网点？会不会减少在本银行的各种业务？会不会影响后续其他金融产品的推荐与营销？肯定会。所以，在基金业务已经完成得不错的前提下，没有必要给自己找潜在的麻烦。

因此，放弃这种道德洁癖与救赎情结，让更能在投资成长之路上前行的客户先得到指引，等到社会大环境将投资者教育得更理性后，再慢慢将引导的范围扩大吧。

但也会有人提出，如果别的银行积极给客户推荐了这些基金或其他投资类产品，客户接受建议后会不会造成客户流失、业务流失？是的。所以我们提出，做好资讯的推荐与介绍，但不要用力过猛，我们要始终保持着合适的服务力度，让客户知道我们银行也有这类的产品，当客户想要基金投资时知道在我们银行就可以办理，并且有个银行的内部人员服务不错、关系良好，那么相关业务就跑不了。这里的关键就是掌握好尺度与分寸，推荐与服务，却不影响客户的决策，也就不会有相应的因果黏身了。

外功心法“团队进出”的实践，是为了基金销售业务的批量化，只有实现批量化，才能有效降低单个基金客户的时间精力消耗，才能实现一个人的全年股权类基金销售过 5000 万，才能真正让基金业务成为银行网点的中间业务收入支柱。

第 3 章　基金代销链中的利益立场

基金代销的利益链中，银行的位置与链中其他环节机构的位置是不一样的。所谓屁股决定脑袋，因为利益不一样，所以立场不一样，最终导致做法完全不同。

利益有什么不同呢？在基金销售的整条利益链中，有哪些环节与机构呢？如图 3–3 所示，产品端的基金公司、销售端的银行（包括营销人员）、购买终端的客户。三者之间的利益各是什么，分别是如何交换的？客户端付出基金申购赎回费、基金管理费、资金托管费，获得基金投资的收益；基金公司付出基金投资收益，获得基金管理费（可能是部分，因为可能会让一部分基金管理费 / 尾佣给银行渠道）；银行端付出渠道与营销，获得基金申购赎回费、部分基金管理费，托管银行可以获得资金托管费。

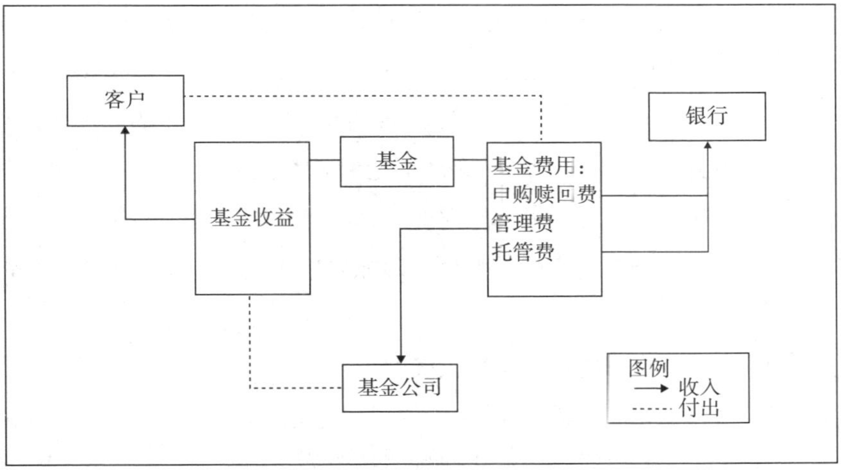

图 3–3　基金利益链图

那么，这些利益各自有什么特点呢？客户端获得的收益是远期的，但付出的三项费用是眼前的，时间上的差异需要“信任”，同时另外两端在利益上均与客户端没有直接的联系，只是间接的关系。客户的基金收益与基金公司的收入没直接关系，因为客户的收益并不分给基金公司，但基金的收益高会吸引更多的客户投资，两者间接相关。但请注意，基金的收益提升并不是直接增加基金的购买，甚至可能在一定范围内会造成赎回的增加（落袋为安的思想），而基金的亏损，反而会有效减少基金的赎回，特别是基金的亏损达到较大百分比后，反而非常稳定、很少赎回。所以，对基金公司而言，更多地希望客户一直持有基金，并不直接关心收益问题。同样，客户的基金收益与银行的收入也没直接关系，但客户的基金投资有收益后，会对银行的其他产品销售带来极大的好处，有间接的好处。但银行与基金公司在对待客户的收益问题上，态度是有明显差异的，因为对于银行而言，基金销售的收入只是客户能够对银行贡献的很小一部分，相对而言，基金公司无论赚钱亏损，只要不赎回就可以持续收取管理费，所以银行更关注客户的基金是否收益。

所以，基金代销利益链的三端中，客户与银行走得更近，而基金公司相对远离。但实际情况是，无论是基金投资客户还是银行的营销与管理人员，都对基金公司的宣传非常相信，对基金公司的判断奉为圭臬，这在基本立场上就有了问题。比如，“基金应该长期持有”的论断，是谁提出来的呢？肯定不会是客户，也肯定不会是银行，因为在基金这个新事物推出时，对于银行人员也是全新的，多数的观点也是听基金公司宣传的。那么，只可能是基金公司自己提出的。先不论这个论断是否正确，就基金公司自身而言，肯定是有自己的利益诉求在里面的，因为“长期持有”最符合基金公司的赚钱方式。那么“长期持有”是否正确呢？结论是不一定。不同类型的基金，不同能力的基金经理，长期持有所产生的效果差异是极其巨大的，只是一句“长期持有”的一概而论是不正确的。

所以，我们在接受基金公司的各种宣传与培训时，一定要仔细辨别其中可以听与不可以听的部分，不能抱着“基金公司很专业”的信条就全盘接受，这是很危险的行为。但在实际情况中，银行的营销人员关于基金的培训内容，绝大多数就是来自于基金公司，因为基金公司愿意给银行员工做培训，这样可以促使银行渠道有更多的基金销售，我们应该怎么样来看待与对待这些培训的内容呢？

首先，我们先分析一下基金公司的常规银行培训是怎么构成与逻辑。一般的基金公司培训内容可以分为四个部分。第一部分，目前国内外经济大势、宏观经济趋势等，利用各种图表的信息展示、说明经济环境与未来方向；第二部分，目前比较看好的行业与概念，主要有两种方式，从相关行业发展规划周期与政策导向入手进行分析的“自上而下”法，与从微观行业赢利改善与行业在市场的现阶段走势的“自下而上”法，提出可以投资的行业与板块；第三部分，本基金公司的投资团队是如何牛，历史上得过哪些奖，历史上某个阶段的收益率有多高，团队人数与构成有多厉害等，总之信任这个团队就对了；第四部分，目前主推的基金是什么，有哪些优势与卖点，如何寻找目标客户与营销客户。可能由于每次培训的时间与形式不同，培训内容也不一定都覆盖这四部分，但话题跑不出这四个方面。

其次，选择我们应该听的部分。基金公司的培训还是有必要听的，因为在整个金融投资行业中，基金公司的专业度与研究深度是非常让人信服的，因为多数基金公司都会养一支专业的行业研究员队伍，专职进行行业研究并到实地与上市公司高层进行深度沟通和实地观察，他们得到的信息与资料是很有价值的。所以，我们必须听的部分是第一部分与第二部分，即宏观经济与行业分析。

但请注意，“听”并不等于做，更不等于“买”。为什么？投资的成功并不是投的方向对了就能赚钱，还要看时机。有人提出，只能投对的东西，时间一长就能赚钱。对的，但实际情况是，客户等不了那么久，银行也等不了那么久。例如，互联网行业好吗？肯定好。是不是未来的发展方向？肯定是。是不是国家政策扶持的行业？肯定是。但如果投在 2015 年牛市的高点附近，那么它的跌幅在众多指数中也是排名前列，最大跌幅甚至超过 70%，试问有多少客户能够一直坚持下去，坚持到它重新雄起？就算客户可以坚持，那么这期间银行业务怎么办？所以，时机是“时间”与“机会”的合一，不能只看一方面。

那我们听取了这些内容后，有什么用呢？从更高的角度看，可以提升银行基金营销人员的专业能力、市场熟悉程度与投资分析能力；从实际的角度看，就是有更多的内容可以与客户进行分享、沟通，让自己显得更专业些，让客户更信任我们一些。

那银行的营销人员应该站在什么立场与角度呢？站在银行与客户的共同利益之处。在基金销售中，银行营销人员必须要做好客户利益与银行利益的平衡，因为自己的工资与奖金是源自于银行的收入，但银行的长久收入是来自于客户的全部金融活动，所以两者不能偏废。怎么才能做到两者利益的平衡呢？就是本篇章提出的八字功法“少赚多次、团队进出”，做到了这八个字，两者的利益很自然地结合到了一起，这也正是本书提倡此方法的根本原因。

请注意，在这八字功法的实践中，基金公司并不能得到最大的好处，反而可能因为一年的多次进出，造成基金操作的难度增加。但银行的营销人员一定要认清各方的立场所在，能更有针对性地吸取相关的信息，同时要坚持自己的立场，才能把业务做得更好。

第4章　银行应该怎样选择合适的基金公司深入合作？

与基金公司的合作是件长久的事，但银行高层的考虑与基层的想法是不同的。对于银行高层而言，可能合作的关系、产品的中收等是主要考虑因素，但银行基层的思路则要简单得多。在多次银行实地培训中，笔者询问过很多银行人员这个问题，每个人都会提出自己喜欢的基金公司，也会在实际工作中倾向于推荐这些基金公司的基金。当深入地询问，为什么喜欢这些基金公司呢？为什么每个人喜欢的基金公司不同呢？绝大多数懵了，可能很少有人会思考这个问题。在引导式地询问后“是不是因为在这家基金公司的某些基金上赚过钱”，这个答案得到了多数人的认可。

那么问题来了，这样选择优先推荐的基金公司合适吗？相信多数人都会觉得是不合适，但实际上多数银行营销人员都是这么做的。那我们如何进行基金公司的选择呢？请注意，这里说的是选择“基金公司”，不是选择“基金”，这两者是不同的。为了明晰这个区别，我们来分析一下不同规模的基金公司是不同的。

一般而言，前十大基金公司（或者曾经是前十大规模的基金公司）都会比较稳重，因为规模达到一定的级别，稳定地发展会是主旋律，但如果基金公司本身的规模比较小，就只能选择激进。这是市场竞争的无奈之举，因为本身规模小，就代表着基金管理费少，能支付的报酬就少，发展就更难，如果不能在市场波动中业绩特别突出，比如股票型基金或混合型基金的排名在前三，甚至必须第一，就不会被更多的投资者认识与接受，因为规模本身的限制，而多数投资者更相信规模大的基金公司，如果不是业绩太出众，很难吸引大规模的投资者投向这个基金公司的怀抱。其实，历史上也是有很多基金公司因为跟对了市场的一波比较大的行情，从而脱颖而出上位，成为了前十大基金公司的规模，例如 2012–2014 年的景顺基金公司与华商基金公司（创业板的大幅上涨），2014–2015 年的富国基金与汇添富基金（军工板块与互联网板块），2017–2018 年的东方红系与兴全系。但一定要注意，“激进”不一定是收益高，也可能是大幅亏损，所谓“激进”一定是把事情做到极限，完全不给自己留一点后路，必须追寻最大的热点且坚定不移地追随，把所有的资金都投入。因为就算排名在第一位，如果放弃或提早退出原有的板块，但这些热门板块却还没有走完，那么后面跟随的几名基金就有可能超越，成为新的王者，所以“配置”“平衡”这种字眼是不可能在这些“基金冠军”的身上发生，这是要“上位”必须付出的代价，赌对了，功成名就，赌错了，回归平淡（请注意，不是身败名裂，只是回归平淡，泯然于众基金经理罢了）。因为成本低而收益高，所以有很多天赋出色的基金经理愿意用这种方式快速出人头地，不愿一步一个脚印地证明自己。如果出于投资稳健的角度，选择规模较大的基金公司是比较合适的。并不是说规模小的基金公司不好，很可能会有彗星般耀眼的基金经理从这些基金公司出现，但基金投资不是去赌这样的人才出现，而多数人是追求稳健收益，特别是银行的基金投资客户，所以我们宁可放弃这样的赚钱机会，放弃这样的诱惑，为了获得更稳健的长期收益。

那么从这些规模大的基金公司中，如何来筛选出更小的范围？必须要承认，基金公司规模大了，基金数量多了，基金经理多了，就会呈现出百花齐放的场景，但不是所有的花都美艳动人，也可能有“食人花”。这些基金公司都会有表现优秀的基金，也会有表现落后的基金，这时候选哪家基金公司并没有明显的差异了。因此，我们的选择标准就从业绩转向了其他方面——**服务，对银行渠道的服务**。从哪些方面来看基金公司对于银行渠道的服务呢？对银行基金业务的管理部门，可能是商谈中间业务收入比例的问题，但对于一线的营销人员而言，服务可以是以下三点。其一，能够经常提供一些小礼品的，因为这些东西对于银行基金的销售有很大的帮助，就算不给购买基金的客户，也可以给其他客户，作为客户维护的手段；其二，基金渠道人员是否愿意在需要的时候，自己出面或请基金经理出面安抚客户，做好解释工作。因为基金投资总有失手亏损的时候，也难免会遇上刁难的客户，这时银行营销人员对客户掌握力已经很弱，如果有基金公司的人愿意出面，则效果会好很多，毕竟多数客户对于基金公司还是有比较强的敬畏心理的；其三，是否经常能够提供一些基金公司内部的研究成果，请注意是研究成果，不是直接告诉该买哪些股票或基金，这里的差别是什么呢？基金公司的投研团队与基金经理，都是通过对于实际情况的调研或行业政策等研究的成果，根据自己的经验与投资逻辑，判断出究竟应该买什么股票。但请注意，同样的原始资料在不同的人手里，会得出不同的结论，相对而言，确实的信息与资料更可信一些，别人得出的结论则掺杂了自己的观点与偏好，失去了一部分客观性，所以能够得到研究成果比直接得到该买什么股票更合适一些。有以上三条，基本可以选出更适合银行网点业务发展的基金公司。

第 5 章　如何有效降低客户的基金单次投资收益率预期

在领会理解并且在实战中尝试八字功法后，长期高效基金销售将成为必然，但其中还会有一些细节性的处理技巧，可以帮助解决一些实际遇到的营销问题。除了最常见的具体某个基金的卖点总结提炼（一般此类信息，基金公司会进行总结），其实比较困难的是如何让客户心甘情愿地减少基金的单次投资收益率预期。

每个客户都是逐利的。虽然很多银行一线的营销人员都会说，“我这儿的客户比较特殊，年纪比较大了，一般都要求做存款，理财产品都要选择保本的，不可能接受基金这样的高风险产品”，但就是这些客户，在牛市的高岗上义无反顾地选择了冲入。当然，在本篇中，我们也提出应该寻找更适合做基金的客户来组成基金投资客户团队，但我们必须要掌握有效降低客户预期的能力与手段。这种能力，是属于银行营销人员应该掌握的客户沟通能力，并不限于某种特殊的话术与方法，只要有效，都是可以用的。这里介绍一些常见的话术与工具，可以作为一线营销人员的参考与借鉴。

5.1 话术设计的思考

话术本身就是思路的体现，那怎样才能让客户从心里感到 3% 这样的单次收益不算低？可以从两个方面比较。

1. 绝对收益与年化收益：把基金投资的单次收益与银行理财产品类的年化收益进行比较。例如，“理财产品收益 5%，那是年化收益，就是说要一年才能拿到这 5%，如果只买期限是一个月，就是 5% 的十二分之一，即为

0.4%，但基金的收益是绝对收益，那 3% 可能几个星期就拿到手了，如果算成年化收益，那就不得了了。”

2. 收益的可累加性：由于基金的投资收益是绝对收益，多次的投资是可以累加的，所以一年下来，整体收益是比较让人满意的。例如，“客户您看，这一次我们基金投资赚了 3%，过段时间有机会了再赚一次，一年下来，不用很多，有 3–4 次，整体收益就可以过 10%，那就已经很可观了。而且，中间钱有很多时间是不用的，可以买理财产品，再多赚点，整体收益会更高了。”

当然，话术的设计再好，也要银行营销人员在与客户沟通时，运用好自己的语气、音调、定顿与力度，同样的话在不同的人口里说出来，效果是完全不同的。这里限于主题问题，不再深入讨论，但话术的实际影响效果也是银行营销人员必修的一课。

5.2 工具设计思考

很多小工具的设计，会使得营销过程中，省下很多的描述与解释，因为人类对形象直观的东西都是有更快的理解与信任，所谓“眼见为实”嘛。

2.1 表格《基金购买客户信息表》

如图 3–4 所示，表格包括了购买日期、客户姓名、联系方式、购买基金、当日净值，以及最为重要的“预期收益”与“签字”。那么，这个是银行网点经常会使用的基金销售台账吗？不是。这个是给客户用的，最核心的是最后两列。“预期收益”是让客户在基金投资之初就有了非常明确的收益率目标，而“签字”则是让客户对这个预期收益有了非常具象且强化的认识，当基金投资收益达到目标时，就可以按表中所示，让客户迅速赎回。当然，工具使用越多，就越有新技巧。有些理财经理在一张空白表格中，先填上三行，把“预期收益”填为希望引导的数字，例如图中所示，那么后面的客户看到前面客户所填写的“预期收益”数字，自然不会超过范围很多，这种潜移默化的心理暗示是非常有效的。例如，有理财经理直接把前几行的预期收益都填为 3%，那么后面的客户更有可能会填成一样的，这是利用了客户的随众心理，同样简单有效。

表 3-1　基金购买客户信息表

购买日期	客户姓名	联系方式	购买基金	当日净值	预期收益	签字
5-10	张 X		470009	1.8901	3%	
5-11	李 X		590008	4.0034	5%	
5-13	王 X		040035	2.2619	4%	
5-16	孙 XX		230013	1.5876	3%	

2.2 表格《基金投资操作记录表》

如图 3-5 所示，表格包含了买入时间、买入基金、当日净值、卖出时间、实际收益的数据，是历次基金投资操作的记录。那么在一开始，可能没有实际的操作，但可以依据的操作方法，回溯一下历史的市场走势数据，并作为研究的结果列出。既可以作为营销中的利器工具，也是自己研究市场走势的最直接成果与证据，对客户的信心提振是非常明显的。

表 3-2　基金投资操作记录表

序号	买入时间	买入基金	当日净值	卖出时间	实际收益
1	1.10	470009	1.8901	2.03	4.2%
2	3.21	590008	4.0034	4.13	5.1%
3	4.23	640035	2.2619	5.10	3.2%
4	6.09	230013	1.5876	7.24	2.8%

第 6 章　依据什么进行基金的买卖点投资操作

在前面章节中，我们竭尽所能地将一切不利于提升投资成功率的因素都消灭或减轻，例如降低收益预期、寻找更能执行策略的客户、团队进出、改变银行固有的营销策略，等等。但是，就如两个国家打仗，战前利用一切手段削弱对方，终有两军对垒的一天，就像两个武林高手的“月圆之夜，紫金之巅，一剑西来，天外飞仙”，战前各种造势，各种语言刺激，终有拔剑相向的一刻。这种决战在基金投资中，就是如何判断什么时候是合适的买点。

要把“如何投资”讲清楚，就算再写一本甚至几本书，也不可能说懂说透，但我们通过各种手段与方法，不断削弱对方，将打赢的难度不断降低，因此还是有一些方式与方法可以帮助我们达到基金投资的赚钱概率。

总结来说，我们目前的投资优势是：

1. 一年只要 10% 的收益，客户与银行领导都能满意。

2. 一次投资只要达到 3%，就可以胜利撤退（实际上，很多操作中，都因为没控制好，收益会明显超过 3%，毕竟当天的收盘在什么位置是无法提前预测的）。

3. 平均三个月找一个机会，而这个机会只要大盘指数有 6%–10% 以上的空间，我们就能相对有把握地拿下胜利（因为我们不太可能在最低点买，在最高点卖，我们只要一半的收益，这样的操作难度又降低了）。

“三个月的耐心等待，寻找一次 10% 反弹或上涨空间的机会”，这个投资计划实际上已经站在了投资胜利的制高点上，因为在投资领域中，绝大多数的错误都可以归结为两种，“贪婪”与“冲动”。很多人在投资过程中，并不是没有赚过钱，甚至在一开始还是赚了不少的，但看到利润来得这么容易，比自己辛辛苦苦工作赚钱来得快多了，于是还想多赚一点、再多赚一点，于是一步一步陷了进去；也有人反驳，认为自己一买就亏损了，根本没有赚钱的过程，那么就是第二个错误了，因为进入市场时太冲动了，可能追在高点，可能受到小周期赚钱效应的诱惑，可能急于想回本，本能地去抓住每个机会，这些都是“冲动”的动因。那么，如果银行营销人员认清一个根本问题，**“我们不是给客户赚尽可能多的钱，而是达到小目标”**，并且要理解，推荐客户投资基金的最终目标是维护住客户，让客户有赚钱的体验与兴奋，但不是赚很多钱的冲动，最重要的是收益 0% 与 1% 的区别，而不是 10% 与 20% 的区别。自己投资，总会有各种冲动，而推荐客户投资，反而会多一丝理智与清醒，因此我们的基金长期高效销售计划才有实现的基础。

那么，一年投资收益要求 10%，难不难？要看问谁。大多数在金融投资领域有经验的人，都会认为一年 10% 不难，有很多方法可以达到。那他们为什么不用呢？因为太少了。多数真正参与投资实战的，基本会把自己的目标订在一年 30% 以上，甚至很多高手会把预期设定在 100%。一般而言，一年收益要超过 20%，难度会大大增加。而在这点上，银行基金的投资客户会显得很平静与平淡，因为他们对于投资收益在业内的概念，还不了解。当然，个别有野心的客户，我们不会选入团队，营销人员也要避免把自己赶鸭子上架。

终于还是避不开终极问题，“怎么判断买卖的时机”。其实我们提出三种方法，可以解决这个问题，但却把“每个人培养成投资高手”放在了最后一种。

方法一：抱组织的大腿。在银行一定级别的基金业务管理部门，建立投资顾问团队，可以给下属基层网点的银行营销人员有明确的指导意见。这里有两个问题需要说明，在银行的什么级别建立这样的投资顾问团队比较合适，以及人员建设的基本框架。

什么级别的银行机构建立投资顾问团队比较合适？一般银行的总部基金业务管理部门，都会有相应的投资研究团队，会定期给出投资建议与推荐基金。其实从银行的基金业务稳定性上看，全银行只有一个声音是很危险的，因为任何投资研究都会有错误的时候，如果全行的基金业务都听从一个声音，那么很可能每年都会有一次“全军覆没”的惨剧。所以，我们建议可以从影响范围上设定投资顾问团队的管理部门级别，一般建议一个投资顾问团队的下辖网点数量不超过30个（这里的网点，一般指在10–15人的中型网点），如果下辖网点的规模较大，可以酌情减少到20个。一个银行中，如果有多个投资顾问团队，那么最好不要有策略上的雷同与相似，比如交易的买卖时间，操作基金的选择最好不同，这样会使得银行整体的基金业务系统性风险降到最低。

团队的基本框架。团队人数不宜过多，建议在3–5个人，方便团队运营与决策产生。研究方向至少应该包括三个方向，分别为宏观经济与重点行业研究（基本面）、基金研究与基金推荐（投资标的）、投资市场技术分析（技术面）。每个成员可以主参与其中之一的研究，保持研究的深入性。可能会有管理部门认为，基本面分析与基金投资标的分析，可以统一完成，每个团队都去做，是不是会浪费人力资源。其实不然，一方面，同样的经济事件，分析的结果可能是不同的，甚至是相反的，就算是经济学家也有经常观点打架的事情出现，不能以某种观点压倒一切；另一方面，这些内容自己动手分析，就是自我学习的过程，是专业强化不可缺少的部分。而这样的团队建立，不但可以在基金业务上对基层网点完成指导，也可以是网点人员专业化深造的样板，可以引领全行的金融专业能力提升。并且会分析、懂分析的人才是必须有很大程度上的冗余，因为这样的人才很可能都是各个银行的争取目标，不能因为某人离职或岗位调动而造成业务的停滞与倒退。所以，投研团队都必须要有自己的发展过程与阶段目标，经过一段时间的运行之后，将会使得银行个人/零售金融业务的生态环境大大改善，基层员工的成长有目标、有奔头、有方法、有流程，并且有人教、有人带。

方法二：抱客户的大腿。银行营销人员可以在自己认识的人群中寻找高手。银行的客户是藏龙卧虎的，懂投资、会投资、善投资的客户，大有人在。银行基金营销人员，经常会发出一个疑问，“如果客户比我们专业，我们怎么营销他/她们基金？”其实在提这个问题时，提问者一直把客户当成是对立面，认为自己只能去掌控客户、只能让自己的专业能力高于客户才能让客户成为基金投资客户。其实，这是一个错误的认识。对银行营销人员而言，有投资厉害的客户，应该是非常好的消息，如果真有这样的客户，真是捡到宝了，为什么不能成为朋友，为什么不能互换所需，为什么不能成为你的投资导师呢？要知道，在外面找一个投资导师有多贵，因为真正会投资的人，时间是很贵的，一般人付不起请老师的代价，也只能在别人高兴时分享几句，不可能给你保驾护航的，而你的身边就有这样的人，而且还经常能看到、约到、聊着，这难道不是幸运吗？当然，我们要能分辨这个人是不是高手，是不是真的高手，不能只听客户自己吹，真正懂投资的高手都比较矜持与谨慎，只有半桶水会自己晃。

有哪些方式与办法可以分辨真正的高手呢？有几条原则可以参考。其一，听谈话的内容：真正的高手，谈论的主题是分析的方法与操作的原则，不会刻意去夸耀自己曾经某一次或某几次的成功案例；其二，问长期收益率：真正的高手，能做到长时间的稳定收益，对股票市场而言，能做到三年时间每年都盈利，就是一个不错的高手，如果每年都有 20% 以上的收益，水平相当不错了，但注意是每年的收益，而不是整体收益，如果第一年收益高而后几年负收益，这样不稳定的收益说明水平一般，赚钱可能只是市场好或运气好；其三，看谈话的语气：越是高手越低调，一般别人不问，是不会主动谈投资的，但是在被问到关键处，还是好为人师地愿意讲解的。通过这些简单的标准，就可基本区分出是否找到了一个值得信任的高手，那么就有必要多多亲近、多多请教，有这样的人引领与指导，专业水平进步得飞快。

方法三：抱自己的大腿。下定决心，坚定信心，努力练成技术分析的能手。高手的练成需要相当的天赋，不过要练成“能手”，还是非常有机会的。因为我们的目标是三个月寻找一次 10% 空间的机会，全年争取 10% 的收益，因此难度被大大降低，能够通晓掌握一般的技术分析基本都能做到了。哪些技术分析必须学习呢？均线理论是基础，MACD 分析是进阶，懂得趋势与背离之后，就能够看懂绝大部分的主要趋势了，大约花上半年的努力，基本都能进阶。那些学习了几年甚至十几年的技术分析都不能稳定盈利的投资者，绝大多数都是希望自己能有比较大的收益，至少也要一年 20%

以上，其实就是这个预期的差异，造成了10%的收益都很难。这条技术分析的学习努力之路，可能会让很多人退却，但愿意走上这条路，每天至少要研究上一个小时，并坚持半年以上，多数都有小成。

除了以上三种长期有效的方法之外，还要附送三个准则与建议。

建议一，尽量在回调中买入。即使是牛市时，也有回调买入的机会。回调是指在上升过程中的返回，不是趋势性地下跌，等待市场走好后的回调再买入，把握增加很多。不追高，因为突破某些技术位置后买入，本身就买在相对高的位置，再向上10%的空间就比较危险了。因此，不追高在多数时间内可称为有效方法。

建议二，趋势处于下跌中，一定要找暴跌后买入，阴跌买入的危险大。暴跌有暴涨，阴跌无底线，慢慢地下跌是钝刀割肉，很难吓出散户，而暴跌是比较容易让散户恐慌出逃，容易迎来上涨。并且在趋势不妙时，可以再次降低收益率预期，不到3%也可以离开了，毕竟市场不是自己家开的，给市场多留点利润，也是给自己多留点余地，是长久之计。

建议三，基金选择中，尽量寻找在前期涨势较好的，回调买入更安全。前期表现优秀的基金，肯定是抓住了市场的热点，而在市场整体回调中也会有较大下跌，但大热点不会马上消失，在反弹更容易有速度、有空间；而那些表现一直较弱的基金，游离在市场热点之外，不受主力资金关注，反弹中可能更无所作为，指数涨了，基金净值还在底部徘徊。

任何技术分析的能手，都不是靠教出来的，而是练出来了，本书中不再详细述说技术分析内容。

part 04

第四篇

基金亏损、基金诊断与长期维护

上一篇章完整地阐释了银行的基金业务如何进行长期高效地发展与运营，用八字功法作为核心，一系列的实战小技巧作为实际操作的补充，如果能通晓掌握并付诸实践，基金业务在网均 2000 万以下时，都可以做到持续的高速增长。

但很多银行营销人员都会提出，“体系与方法都很好，但我们还没有获得基金客户群，而目前的基金客户只会问自己亏损基金怎么办，什么时候才能解套，在没有解决客户的这个疑问前，实在无法让客户快速地接受我们的基金建议。”

这个问题很好，其实在整个八字功法的体系中，只有第一环节的启动部分需要我们继续深入讨论，即为“如何获得第一批基金客户的信任”。

“哪些客户更容易接受基金？”这个问题有很多答案，但是以前购买过基金或者目前还持有基金的客户一定是众多答案中排名靠前的。是受伤客户更容易转化，还是新客户更容易转化？如果方法得当，基金亏损的客户会更快接受，毕竟他们的基金投资基础知识是不缺少的，在经历过伤痛后，对风险的了解是新客户无法比拟的。

那么，如何将这些受伤客户，转化为信任客户呢？这就是本篇章需要解决的问题。

另外，本篇章同时能够解决的是客户长期持有基金的问题。总有些客户是希望能真正长期持有基金的，可能他们更能够承受巨大的市场波动，也可能他们不适合短期的操作，那么这些客户如何进行基金的售后服务与追踪服务，在本篇章的讲解中，将会给出方法与流程。

第 1 章　重获基金亏损客户的第一步：重新认识基金诊断

经过了这么多年的基金销售，银行营销人员对于基金诊断并不陌生，也都尝试过给部分客户更换了基金，但始终把基金诊断当成是盘活客户的手段，让客户动起来，这让很多银行一线营销人员的内心过不去，认为不应该为了业绩再折腾客户，在没有把握的情况下，还是不要动原有基金了，维持现状是最好的选择。那么，我们首先要重新认识基金诊断的原因与作用。

1.1 基金之间的表现差距很大

相信多数的银行基金营销人员都会注意到，基金表现的差异在不断地扩大。同样在一年中，优秀的基金赚百分之几十的收益，靠后的基金能亏损百分之几十，一年就能差出一倍去。基金的队伍越来越大，开放式基金的数量已经超过了股票，而基金经理也越来越多，人员良莠不齐，无形中扩大了基金表现的差距。

表 4–1 中数据是从 2011 年至 2017 年中，股票型基金（去除被动指数型、增强指数型）与混合型基金（去除偏债型基金），每年表现情况展示。从表格中可以看出，随着基金数量的增加，基金的表现差异在逐年增加，最好基金与最差基金的差距从 2011 年的 41.04%，到 2015 年的 189.53%，即使 2017 年市场波动率下降，也有 94%。以 2017 年为例，相当于年初买入最好的基金，则净值从 1 元涨到 1.6660，而买入最差基金，则净值从 1 元跌至 0.7182，净值差距在 1 倍以上。即使选择前 25% 与后 25% 的基金比较，差距也在扩大。

表 4-1　2011 年至 2017 年股票型基金整体表现

	2011 年	2012 年	2013 年	2014 年	2015 年	2016 年	2017 年
最好基金	-0.74%	31.70%	80.38%	102.49%	171.78%	92.10%	66.60%
前 25% 基金	-19.88%	8.94%	23.39%	33.47%	60.04%	2.13%	18.05%
中位数基金	-23.74%	4.54%	14.11%	22.71%	43.98%	-7.38%	9.01%
后 25% 基金	-27.32%	0.81%	6.76%	13.15%	27.21%	-18.32%	4.37%
最差基金	-41.78%	-14.25%	-28.73%	-15.52%	-17.75%	-42.49%	-28.18%
基金总数	390	458	517	590	743	1413	2068
最好 - 最差	41.04%	45.95%	109.11%	118.01%	189.53%	134.58%	94.79%
前 25%- 后 25%	7.44%	8.12%	16.63%	20.32%	32.83%	20.46%	13.68%

所有投资者都希望能够选到好的基金，但如果手中的基金不好，则会陷入纠结之中，到底换不换呢？“自己的基金原来不错，可能是最近没转过弯来，再等等吧”，“风水轮流转，不能在别的基金已经涨得这么好了，再换过去，可能马上就要转运了”，“如果换了基金，手续费贵不说，万一买在高点上，不是更惨，这次基金不争气，只能等下一次了”。想换，就是瞻前顾后，前怕狼后怕虎，在犹豫中差距变得更大。那到底换不换基金呢？我们首先分析一下基金表现差异的原因是什么。

1.2 基金表现差异大，原因是什么？

这种差距可能是有多种原因造成的，但概括起来说，可以分两大类，基金种类功能的差异与基金经理的能力差异。所有的股权类基金（主要指股票型基金、偏股混合型基金、灵活配置型基金、平衡混合型基金），可以分为主动管理型与被动管理型，其中的被动管理型基金，其市场表现主要取决于跟踪标的的优劣与市场的热点配合度，而主动管理型基金的表现差异性是源自于基金经理的能力差异。

第一种差异，主要来自于基金设计上的差异，这里主要指主动管理型基金与被动管理型的市场适应性问题。一般来说，被动管理型基金更适合牛市或相对比较大的市场趋势，而在下跌或震荡型市场中，表现很差；而主动管理型基金更适合震荡型市场，在下跌过程中比被动管理型基金要略好。

为什么会有这种原因呢？这是基金的管理方式造成的。被动管理型基金，一般要求追踪某一个股票指数，即让基金的净值变化与股票指数的变化尽量接近，且日常的股票持仓为95%左右，剩余5%投资短期债券或银行间拆借，预备日常赎回。正因为有这样的管理要求，对于市场的适应性就出现了变化。在牛市行情中，被动管理型基金优势很大。其一，普通主动管理型基金的股票持仓大约在70%-90%左右，在上涨行情中，被动管理型基金的持仓优势得到了体现，上涨速度会更快。其二，在牛市中，板块的整体上涨效应很强，被动管理型基金的持仓类型相对比较集中，一旦板块成为市场热点，上涨速度惊人。其三，牛市中的股票，很容易出现强者恒强、疯者恒疯的场面，那么敢于“捂股不动”更容易获得高额收益，而被动管理型基金的持仓调整很慢、调整周期较长，一般不可能因为某些股票涨幅过于巨大而减持，从而表现更强劲。同样的优势放在下跌市场中，就变成为悲剧，持股比例高、板块效应强、不主动换股，使得市场下跌时，速度特别快。相信很多基金投资者在经历过股灾后，更能理解上述的解释。

那么在震荡市场中，两者谁更有优势？主动管理型，原因也很明显。牛市与震荡市有什么区别呢？牛市的特点是什么股票都会涨，就看谁更疯，而震荡市的特点是部分股票上涨，而部分股票震荡或下跌，且伴有经常的板块轮动效应。选择好的股票在任何一种市场中都很重要，但是在震荡市中体现得更明显些，且震荡市更注重股票的阶段性更换。即牛市更需要傻拿着，而震荡市更需要人的判断与经验来“高抛低吸”，所以震荡市选择主动管理型更好。

指数的增强基金则介于两者之间，即以某个指数为追踪的标的，并通过基金经理自己的操作，让基金的表现比指数更好。但实际上，这类基金已经脱离了被动管理型基金的天然优势，其表现更像是一个主动管理型基金，只是比其他主动管理型基金约束相对多一些。

第二种差异，主要来自于基金经理本身的能力。目前开放式基金中，70%以上的基金依然是主动管理型基金，而这些基金的表现差异主要来自于基金经理的能力，并且是第一基金经理的能力（排序在后面的基金经理，作用很小）。基金经理的能力有哪些呢？比较主流的分类方法，可以把基金经理的能力分解为收益能力、抗风险能力、经验、择时能力等，也有其他维度去分析基金经理的特点与行为，比如学历高低有没有影响、性别有没有影响，等等。这些因素都有影响，但影响的大小是有很大区别的，我们还是抓住主要矛盾——基金经理的历史业绩。但请注意，是指这个基金经理的业绩而不是基金的业绩，基金经理的平均就职时间并不长，截止到 2017 年 12 月 31 日的数据，基金换基金经理的时间平均是 1.64 年，差不多一年半就会换一次，那么基金的业绩与基金经理的业绩就相差很多了，这点上必须有足够的认识。那么，在基金研究过程中，应该抓取本任基金经理所在时间段进行分析，不可只关注“近半年”“近一年”等笼统的业绩指标。

1.3 主动管理型基金要关注基金经理

上一节中已经说明了，在主动管理型基金中，基金经理的能力差异是基金差异的主要来源。为了让我们对这点有更深刻的认识，这里必须先说明两个要点，第一，基金经理的作用在基金中有独一无二的作用，第二，选人与选其他投资标的（例如投资股票、黄金、大宗商品、玉石等）是不同的，且是有本质的区别。

1.3.1 基金经理在主动管理型基金业绩表现的作用

很多人会认为，基金的表现应该要全面地去看，要看这个基金公司如何、要看这个基金的团队如何、要看这个基金的持仓股票是什么，等等。我们从基金的基本运作过程与基金经理离职对基金业绩的影响两个方面来说明基金经理的作用。

在一个基金的运作中，基金经理、操盘手、投研团队是职责分明的。投研团队外出实地考察或闭门认真研究，提出可投资的行业与股票，提供给基金经理参考（请注意是参考），把合适的股票放在一个共同可选的“股票池”（这个是同一个基金公司都可以参考的股票池，并不是某一个基金独享的）；基金经理可以从股票池中挑选，也可以自己从全市场中分析与挑选股票，并确定投资比例与投资时机，然后填写操作单交给操盘手，由操盘手根据市场的情况与股票的活跃程度在一定时间内完成交易（一般是当天完成交易）。请注意，选什么股票、什么时间投入、投入多少，只要不违反基金持仓的基本要求，基金经理是可以独断的。从这个过程中，我们就可以看出，基金经理的决策是所有业绩表现的核心，所占的分量是其他岗位不可比拟的。可能部分基金公司在股票选择时会有一定范围内的讨论，但最终的决策还是由基金经理本人做出的。这种制度不合理吗？太草率了吗？不是。在投资领域而言，“独断专行”并不是贬义词，而在投资时与别人商商量量，结果可能并不好，就算是股神巴菲特管理的伯克希尔哈撒韦基金，虽然也有得力助手芒格可以提意见，但是基金的投向与比例也是巴菲特的决定。

基金经理在离开某只基金后，基金的业绩一般都会发生较大变化。这个变化是好是坏，取决于前者基金经理的强弱。一般来说，原来的基金经理很强，表现优秀，后来者就表现较差，而原来的基金经理很弱，而后来者表现转好的概率较大，而且原来的基金经理表现越极端，后来者的差异越大。为什么会出现这样的情况？我们从两个角度来探讨这个问题。一方面，如果原来基金经理表现比较强，那么在基金的决策中一定占有比较重要的地位，如果继任者是他的副手，也是话语权比较弱的，虽然可能因为跟随一段时间后，应该有了一定的进步，但实际上，真正能决策的机会并不多，一旦掌握基金大权，继任者的独立思考能力并不强，独立决策的能力并不高，导致在独掌大权后不知所措。这样的案例很多，2014 年基金一姐王茹远“奔私”，而当了多年的继任者张小仁的表现差距较大；银河行业优选在 2013–2014 年度一直是非常优秀的基金，基金经理成胜在 2015 年 5 月离开后，继任者王海华曾当了前者一年半的助手，但在接手后，业绩一直排名靠后；中邮中小盘，方何在 2013–2015 年 5 月之间，达到 300% 的业绩增长，是非常优秀的基金经理，但继任者许进财在做了其两年半的助手后接手，业绩迅速下滑入目。基金经理的副手是很难学到精髓的，也可能这些基金经理的优秀能力是天赋，而不是靠后天习得的，总之优秀的基金经理离职后，继任者很难达到原来的水平。另一方面，如果原来的基金经理比较差，那么继任者很少是原来的助手，即使是助手，受到的影响也会比较少，毕竟前任不是好的榜样，由于前任的业绩已经很弱了，后来者的压力会比较小，更容易采用新的方式方法去挑选自己的投资思路与合适的股票，一般会表现得比原基金经理更好。

我们可以认为，对于主动管理型基金而言，基金经理的因素是最主要的，而我们在选择某只基金时，从根本上说是选择了这个基金经理来帮助我们进行投资，如果这个基金经理离职了，那么我们也应该及时抽身离开，毕竟我们挑选这个基金的理由已经不在了。

1.3.2 为什么选人与选投资标的不同

这是一个非常重要的概念，选择主动管理型基金的方法与绝大部分其他的投资是不同。而很多人在这点上是懵懂的，很多人甚至是错误的。为什么会有巨大的区别呢？因为选择主动管理型基金的本质是找一个人帮你炒股票（投资股票），而绝大部分其他的投资都是自己去挑选一个合适的时机去投资某种东西，例如股票、黄金、外汇、债券，甚至私募股权等。一个是投资人，一个是投资物，截然不同。

区别在哪儿？一般而言，投资品的价格是有周期的，只是周期的长短，例如大蒜、绿豆、糖等农产品，黄金、玉石、古玩、字画，甚至股票（基本面未发生重大变化），以及比特币。2016 年大蒜的价格很高，很多地区的零售价格都达到每斤 10 元以上，但在 5 年之前，“蒜你狠”的名声刚刚兴起，价格也在 10 元之上，但中间这 5 年每斤的价格一直 3 元左右，5 年时间一个轮回。只要你在价格不高的时候买入（当然要保证大蒜不变质），总有一天会赚大钱。黄金的价格周期略长一些，在有电子盘价格以来，27 年可能是黄金的一个周期，所以现在买入黄金的人，迟早会赚到钱，但可能要等很久。而玉石的周期更长，近几年的玉石价格飞涨，但在 30 年前，一块玉可能不如一张粮票来得有用，同样对于古玩、字画，在整个社会比较繁荣时，价格都很高，在经济比较落后时，都不值一钱，整个周期可能在几百年。但无论周期有多长，在投资品的价格相对低的情况下买入，只要可以保存，就一定会等到赚钱，甚至赚大钱的那一天。

与之相反，对人的投资是不同的。物品的投资是周期的，是物极必反、否极泰来的，但人却是强者恒强，富者愈富。借《九阴真经》开篇之语，“天之道，损有余而补不足；人之道，损不足以奉有余”（原句出自《道德经》，意思为自然的法则，是损减有余来补充不足；人类社会世俗的做法却不然，而是损减贫穷不足来供奉富贵有余），在人类社会中，财富的富集效应是很明显的，在国外称之为马太效应。其实在日常生活中的感受也是很明显的，在30年前，你有100就是普通人家了，而有钱人不过也是几千；20年前，普通人家庭有几万元就算不错了，富人可能是几百万级；在今天，普通人家庭可能是几十万到百万级，而家庭资产过亿都算不上特别富了，我们能看到的富豪可能已经在百亿级别了。虽然大家的生活都在变好，但实际上的财富差距在不断变大，财富在不断向少数富集。除了财富外，其他方面是不是有"强者恒强"的定律呢？同样是。例如小学生每个学期都有期末考试，也都会有个成绩排名，本学期成绩已经出来了，那么你猜是前几个学期一直排名在前面的学生继续排名在前面，还是前几个学期排名靠后的学生这次可能排名在前列？多数人会相信，原来成绩靠前的继续排名靠前的概率大。有没有之前成绩靠前的学生突破掉到后面去，有没有之前成绩靠后的学生突然冲到前面来？有可能，但可能性比较小。在工作上也是如此，以银行网点为例，每个季度、每年都会对辖内的基层网点绩效进行排序，在网点没有大变化的情况下（特指网点的领导换了），绩效排名的前三分之一（可能内部的名次有区别）与后三分之一基本是保持不变的；理财经理排名，前三分之一与后三分之一的人员名单也是基本不动的。是不是后面的人不努力？不是。但人的竞争就是这么奇怪，思路对、方法对，同样的努力下，差距会越来越大。在基金经理的排名上也呈现了这样的现象，在前三分之一的基金经理就是一直优秀，在后三分之一的基金经理就是永远起不来。天赋这种东西，真的是很难改变的。

很多人会说，"我的某个基金，原来表现很好，后来表现就太差了"，也有说"我的基金坚持了很多年，原来很差，现在特别好啊，风水轮流转嘛"。其实应该仔细看一下基金经理的情况，基金前后表现的巨大差异，很可能是基金经理已经换了。

所以，在主动管理型基金的选择中，一定要盯死基金经理，在选择时，要挑选优秀的基金经理，一旦认定就一直抱大腿，但如果基金经理更换，毫无留恋地离开，投入其他优秀基金经理的怀抱，不要抱有侥幸心理，认为“之前这么好，应该还会好”，已经釜底抽薪了，就不要指望还能兴旺依旧。这个论断就提示我们，就算是优秀基金，也要经常看看，一旦基金经理离职，就要果断离开。当然，也不用天天看，一周一次就足够了，就算原基金经理离职，基金的风格也不是一天就变了，基本上在一个月之内是不会有业绩表现上的巨大差异的。

很多人都会记住几个自己喜欢的基金，但能报出几个喜欢的基金经理吗？可能很难。甚至自己长期持有的基金，都不能说出是哪个基金经理。这种选择基金的方式一定要转变，从记忆基金的名称转到记忆基金经理的名字，这样才能抓住基金长期表现的关键问题。

1.4 基金经理难道不都是优秀的吗？

目前开放式基金中，股权类基金的基金经理大约有700位左右，基本都是在投资领域从业很多年，在长期的基础工作历练之后才能进入基金经理这个梯队的。就算进入这个梯队后，也是慢慢从小基金开始，只有一直表现良好才有可能掌管大型的基金。如果从这样的历程来看，基金经理都应该很优秀，但从基金的实际表现看，就是相差巨大。那么，原因是什么呢？

其一，强中更有强中手，人才的分化是自然现象。在优秀的人才中，在激烈的竞争中，更优秀的人才会脱颖而出，而一部分人则会不断后退，而我们是要挑选基金经理中的优秀人才。在名牌大学中，一个班级学习的同学在原来的高中都是数一数二的优秀人才，但在大学的学习中，分化非常迅速，一些人成绩特别优秀，可以获得各种机会，保送、出国、好的工作机会，而一些人则面临着退学的风险。在一个工作单位中，新进来一批毕业生，都会经过层层筛选，也都是学校中表现比较优秀的，但在工作了一段时间后，优劣的差异很快会显现，继续表现优秀的，升职加薪，表现落后的，一直默默无闻。人群聚在一起后，一定会分出三六九等，基金经理在一个大的市场中竞争，也一样有分化，慢慢地差异越来越大，让我们都不敢相信当初是怎么会被选入基金经理队伍的。

其二，在特殊时期的特殊提拔。这里并不是说基金公司的人情关系或其他原因，而是在特殊的时期会有一大批新的基金经理会突然出现。什么时候？牛市的中后期。在牛市疯狂上涨的过程中，我们可以看到，新基金的发行是非常简单的，不用过分关注基金经理曾经的履历，只要起个好名字（与当下的市场热点比较接近的名字，比如在2015年3–5月期间，移动互联、国防军工、国企改革等，都是好名字），就很容易发行成功，同时我们也看到大量优秀的公募基金经理纷纷“奔私”，虽然对于这些优秀投资人才的流失，我们不能评价什么，但客观上也造成了优秀公募基金经理的流失。一方面市场的需求火爆，基金发行容易，一方面基金经理人才流失，如果你作为基金公司的总监，该怎么办？只能大量提拔人才，而且还要火速。所以，很多基金经理的生涯都是这个时期开始的，2007年与2015年是新基金经理大量出炉的时候。并不是说这些基金经理不优秀，但在一个时期大量出现新基金经理，难免会出现泥沙俱下的局面，加大了基金经理能力差异的可能。

所以，我们对基金经理还是要仔细甄别、认真筛选，在优中选优，才能获得让人满意的收益。

1.5 为什么要进行基金诊断，以及什么样的基金应该换

科学的基金诊断可能会给银行的基金业绩带来改善，但是在银行营销人员的内心中，必须坚持基金诊断是为了客户，为了让客户能够持有更好的基金，为了让客户能够更快的回本与产生收益，而不是为了增加业绩。心中的信念是很重要的，心中无杂念，会让客户更加信任，让客户关系更加紧密。其实，严格按照八字功法来执行，基金诊断而产生的这点业绩实在不值一提，千万不可因小失大随意去给客户更换基金。

这样会不会给银行营销人员过大的压力，而不敢给客户做基金诊断？有可能，而实际上也有很多的一线营销人员就是怕承担职责，也怕有更多的麻烦，就不做基金诊断了。所以我们必须给出一个明确的流程或确定的方法，让银行一线的基金营销人员有实际的依据与严格的执行标准。

基金诊断的原则：我们只换也必须换最差或不合适的一部分基金。

这个原则中有三个要点就是“**只换也必须换**”“**最差**”“**不合适**”。

1.5.1 为何“只换也必须换”

基金诊断之后，必然会带有基金更换，“只换”代表不是什么基金都换，必须符合一定标准的基金才能换掉，而且这个标准会尽量苛刻一些，让换的基金保持在一个比较小的范围内，进而保证换基金的成功率尽量高。“必须换”代表着银行基金营销人员应该本着对每一位购买过基金的客户（无论是不是本银行购买的，如果是在外行买的，可以作为吸引客户的方式）都负责的态度，尽量对每个有基金的客户作好基金诊断工作。

1.5.2 为何换“最差”

这里的“最差”一般指在主动管理型基金中，长时间排名在后三分之一的基金。为什么选择这部分进行更换？有两个原因，其一，排名在中游的基金，根据历史数据计算，在未来有较大的可能出现好的业绩（即这部分基金并不是一直差），而只有排名在后三分之一的基金，会持续表现得差，即差得很稳定，所以换这类基金把握很大；其二，给客户更换基金时，多数客户是不太信任银行的营销人员的，我们尽量要在第 1–2 次基金诊断时得到良好的结果，即换的基金明显比原来的基金好，那么换“差得很稳定”的基金自然是最好的选择。同时，也有相关的学术研究表明，排名后 30% 的基金稳定性较强，即业绩长期保持在后 30%。

1.5.3 什么是“不合适”的基金

这里指两种情况，其一，被动管理型基金（主要是指数型基金）在震荡市场中，除非市场的热点在某种指数上（例如，在 2017 年中，上证 50 指数就是强势指数，可以持有），一般都选择离开（例如，同在 2017 年中，之前比较热门的军工指数、互联网指数等，都是边缘化的板块，都应该去掉）；其二，客户持仓的基金，原来是优秀的基金与优秀的基金经理，但基金经理离职了，及时让客户进行更换。

只有在这些条件下，进行基金诊断与基金更换是可以达到“增加客户信任”的目标，也是帮助客户拿着优秀的基金，在长期中能获得更好的收益。

1.6 用什么方法判断基金是“最差”的基金

这个题目是一个大题目，其本质就是“**用什么样的方法或衡量维度来判断某个基金是否是好基金**”，现在将主要核心的问题进行简单的介绍。

1.6.1 什么样的基金是“好”基金

很多人可能直接就回答，“好基金就是能涨的基金”。对，但不全面。试问，如果一个基金一段时间上涨很快，但市场回调的时候，下跌也很快，能不能接受？再问，一个基金涨速比较慢，但回撤也很慢，整体上涨的趋势很好，收益很稳定，这样的基金好呢？对，**基金的“好”应该是两个方面，风险与收益的平衡**。有没有上涨快而多，下跌少而慢吗？可能有，但非常难找，而且持续性一般不强。那能不能在上涨的阶段拿着，下跌的时候出来呢？可以，但要求投资对市场的把握较强。

所以，对于不同的需求，基金的好坏标准也是有差异的。但也有一些通用的法则，就是相对值，相对于市场指数的表现或相对于其他基金表现。如果都下跌，跌得少就是好，如果都上涨，涨得多就是好。同时，市场的风格出现重大变化时，能够在一段时间后及时调整，跟上市场的脚步，等等。

如果要仔细地分析一个基金，可能需要从很多的角度分析，也需要花很多的时间与精力去研究与实践。每个银行基金营销人员不可能都做到，因此我们将对基金的分析分解为三个层面，可以对号入座地设定自己的位置，对于基金判断会有比较大的好处。

第一层次：看评价分值或星级

基金的各种评分与评星是随处可见的，也是最容易获得的。是不是这种评分来决定基金的优劣过于武断呢？也不一定。很多的评分是评价基金方法与思考的结晶，结果非常一目了然，效率很高，且评价基金有很强的一致性，不会因为某天的心情或情绪对评价造成影响。同时，“只看评分或评星”的基金评价方式有很强的推广性，适用于绝大部分的一线基金营销人员，毕竟能用的工具才是最好的工具。那问题的核心是，你所信任的基金评分或评星，怎么用，以及成功率有多高。如果能把这两个问题了解清楚，这些评分与评星就可以大胆用、普及用。

首先，我们要分清两个概念，“评价准确”与“预测成功率”，这两个词是不同的。“评价准确”是用合理的维度与合理的权重给每个基金合适的评价，只要与大家的普遍价值观一致，都可以算是评价准确；但“预测成功率”是在某种评价方法下，未来能取得较好投资结果的概率。综合起来说，就是“评价准确”合理，是不是能够预测未来的基金表现？这是不一定的。例如，绝大部分的评价星级与评价分值，都会倾向于基金长期的表现，多长期呢？最著名的晨星评级与海通评级，一般采用 3 年评级与 5 年评级，但请注意这套评价的方法是从美国引进的，而美国基金的稳定性是很高的（因为美国要设立一个基金是很容易的，所以有志于自己在基金业能大展拳脚，一般会有独立的基金，所以基金的管理者稳定性很高，而国内基金的设立需要层层审批，造成了铁打营盘流水兵的情况，基金经理更换频繁），3 年、5 年的评价都有合理性，但国内基金经理在一个基金的平均管理时间是 1.64 年，3 年的评级已经是两位基金经理的共同结果了，何况是 5 年的评级。真正在一个基金能待上 5 年，是很少见的。同样，多数的评价会用长期的总收益作为最重要的评价因素，这种方式本身没错，但在 3 年中有很好的收益也是分情况的，一种可能是因为在某一波市场行情中抓住了，且死死不松手，造成业绩突起，但除了这段时间就表现平平，而另一种可能是一直比较稳定，虽然没有突然的业绩暴涨，但收益率曲线不断上升，最终 3 年收益排名靠前。对于前者，客户可能看到评级后买入，但业绩一直就不动，而后者则能持续获得收益。

那么我们怎么来选择合理的评价分值或评价星级呢？最好的方式是，自己设计一个评价分值，将自己的基金分析思路融入评价，并能用历史数据进行预测成功率的计算。笔者将自己总结的方法写成了相应的算法，也经过了历史数据的验证与测试。这个评分采用 10 分制，10 分为满分，并有特殊使用方法的，就是把**评分 5 分以下的基金换成 8 分左右的基金**。成功率是多少？用 2001–2017 年的开放式基金的数据测试，更换的成功率是 82%，即有 82% 的情况下更换后的基金比原来的基金好。但 5 分以上的基金是不建议更换的，因为成功率不够高，换错的概率明显上升（目前将算法授权于智慧理财师 APP，在“基金诊断”功能中显示）。

当然，市场上也有很多的其他评价方法与机构，不管用哪种，一定要自己多测试，在测试结果比较满意的情况下再使用。从统计的角度来说，要验证一个评价方法与评分有效的，至少也要100个不同基金的样本，并有持续一年的时间跟踪。这个精力与时间是不可少的，否则在给客户调整基金时，很难做到心中有谱。

所以，基金诊断的第一层次就看评分或评级，简单粗暴、直接有效，适合大量推广。

第二层次：抓住主要分析因素

在基金分析经验与能力上升后，会不满足于单一的评分与评级，也希望能够做出自己的判断与决策，这时就会仔细地查找基金的数据，并进行深入地比较分析、总结，从而对基金信息做出合理地判断。

那么哪些基金信息需要注意与分析呢？其实基金的公开信息并不多，每日公布的只有基金净值，每季度公布的基金规模、资产配置、行业配置、前十大持仓等，以及在这些数据上计算而得的收益率、累计收益率、阶段涨幅、季度排名、阶段排名、持仓风格、夏普比率等。但这些数据，哪些值得分析，哪些比较重要，各家的说法都不相同，所以也让银行一线的基金营销人员不知所措。

其实可以反过来思考，就是我们要区别出什么样的基金。从目标出发，就会对分析对象有更清楚的认识。我们希望基金能涨（收益要排名前列），最好能够稳步上涨（在不同的时间段都能涨），回撤不要太大，基金经理最好在职久一些，基金规模不要太大或变化太大。从这些简单的要求就可以看到，我们需要关注的指标，就是基金经理在职时间、2年的总收益排名、8个季度各自的收益/排名（看不同时间段的收益与排名）、累计收益率曲线（看回撤）。这些指标都排在前列，且稳定排在前列的基金，就是我们要找的基金；相反，这些指标部分或大部分不满足的，就是不好的基金。

第三层次：心中有市场走势与风格，眼中只看累计收益图与资产配置数据

在这一层次，已经对市场有比较充分的了解，在不同的时间段内，市场的基本走势如何，那段时间的大体风格是什么（至少知道是大盘还是中小创风格），心中有数。闭着眼也能说出最近 3 年的主要指数运行位置与对应时间（比如，2014 年大盘启动时的时间与点位，在 2015 年的哪些时间开始横盘整理，多长时间，之后是什么风格，在什么时间到达顶点，点位是多少，股灾 1.0 跌到什么位置，反弹到什么位置……），然后看着同一时间的基金收益率图，判断在不同的风格时期，基金经理需要多久进行调整思路，整体收益如何，这些对基金经理的投资能力已经有了非常清晰的认识，再加上每季度公布的资产配置数据，查知不同时间的股票持仓比例，从而确认基金经理的择时能力，就基本可以判定基金经理是否值得信任与是否要对其投资。

银行的基金营销人员可以根据自己目前的基金水平，用不同层次的方法，使用不同的分析方法，同时也希望为有志于提升基金分析能力的人员提供其他进步的路径。

1.7 常见基金选择中的错误

前面章节讲述了基金诊断的目的、操作方法、判断依据，那么本章节的最后部分将阐述一些常见的基金选择中的错误，而这些错误也是银行一线营销人员在日常基金诊断过程中必须要面对与克服的。

1.7.1 选择基金时，关注基金净值的大小，关注基金份额的多少

如果有两个基金，先不论基金的其他方面，如果一个基金单位净值是 0.8 元，另一个基金的单位净值是 1.5，不管是客户还是一线的基金营销人员，选择 0.8 元净值的基金概率要更大一些。

为什么会有这样的选择？可能有两个回答，“因为便宜的基金可以买到更多的份额”，“因为净值低的基金，上涨的空间比较大”。其实这两种认识都是幻觉，都有明显的错误。

其一，“便宜的基金可以买到更多的份额”。份额有什么意义呢？在同一个基金里，份额是有意义的，因为份额多就代表着市值会更大，但在不同的基金之间，比较份额是没有任何意义的。例如，客户买 10 万元的基金，无论最后是获得了 1 份、10 份、100 份，还是 1000 份、1 万份、1 亿份，都

是 10 万元，而基金公司不管你有多少份基金，都是拿着 10 万元去市场上投资，获得相应的收益，收益与份额是没有关系的。我们用更简单的比喻来说明，如果笔者发行一个基金，把基金净值的起点设为 1 分钱（正常的基金净值起点是 1 元钱），那么所有人的份额都会是原来的 100 倍，那么是不是基金的未来业绩会比之前好？显然是不会有什么影响的。那为什么客户会对份额的数量有这么大的热衷呢？其实是与股票的股数进行了类比。请注意，这两者是完全不同的，因为股票数量是确实存在的（股权证），且在一定时间内是不会改变的，而基金份额则并不是真实存在的，不存在一个东西是 1 份基金（所以基金份额可以是小数），基金份额只是基金公司记账的工具，并且基金份额可以随着基金的申购与赎回而增加或减少，是动态变化的。因此，不要将基金份额与股票数量类比，没有可比性，基金份额再多也没用。

其二，“净值低的基金，上涨的空间比较大”。其实基金净值有封顶的上限吗？没有，但我们总感觉基金净值高了，是不是会下跌，而便宜的基金，就只剩那么点了，下跌空间比较有限，似乎更安全一些。其实这是误解，0.5 元净值的 A 基金是不是比 5 元净值的 B 基金不容易下跌？如果两个基金都买了 10 万元，A 基金只跌了 0.05 元（即 5 分钱），而 B 基金跌了 0.5 元（5 毛钱），是不是 B 基金跌得更多？实际上是一样的，都是跌了 10%，都是亏损了本金 1 万元，所以所谓“下跌空间”或“上涨空间”都是没有意义的。

那么，还有人提出，“是不是净值低的基金更容易涨呢？”或者“净值高的基金更容易下跌呢？”。我们从基金经理的角度来看看区别，同样是上一段落中的 A 基金与 B 基金，假设两者的基金规模是一样的，设为 10 亿元人民币（如果基金规模有差异，基金的管理难度自然是不同的），A 基金上涨5分钱，B基金上涨5毛钱，哪个更容易？看起来5毛钱是5分钱的10倍，似乎距离也是 10 倍，难度自然也要大一些。但从基金经理的操作来看，都是拿着 10 亿的资金在市场上搏杀，赚回来 1 亿，就是净值上涨 10%，无论原来的净值是多少，难度是一样的。所以，不存在上涨或下跌难度的差别，差别只体现在基金规模上。用 10 亿的资金去赚 1 亿，与用 100 亿的资金去赚 10 亿，是不同，因为很多股票的市值比较小，经不起 100 亿规模的基金进出，所以两者的选股方式、投资方法都会有差别，相对而言，规模小的基金更灵活，而规模大的基金收益较弱。

追根溯源，为什么会有这些误解呢？因为客户投资者会把基金与股票进行类比，将基金净值与股票的价格进行类比。其实基金净值的上涨与股票价格的上涨原因是完全不同的，股票上涨是因为有人买，只要买的人多，股票价格就会上涨，但基金净值不是，申购基金并不会让基金净值上涨，只有基金经理在投资中获利才会导致基金净值的上升。在股票市场中，认为低价股容易涨，是对的，这是共识，举例说明，贵州茅台（600519）从 700 元涨到 1400 元容易，还是山东钢铁（600022）从 2.5 元涨到 5 元容易？很多人认为是后者，而当有这种意识的人多了，买的人就多了，自然股价就容易上涨，但这个认识在基金选择中就是完全错误的，一只基金买的人再多，净值也不会因此而上涨。

其实，还有很多的例子是证明，基金净值的高低与表现是没什么关系的，像巴菲特管理的基金伯克希尔 – 哈撒韦，市价是 32 万美元一份（2018 年 1 月 22 日），如果我们去买，是不是份额特别少，也没什么上涨空间了？显然是不对的。同样，很多净值在 0.5 元以下的基金，一直表现得很差，并没有因为净值很低了而表现好转。因此，选择净值较低的基金是有问题的。

1.7.2 沉没成本：选择基金的时候，关注是否已经亏钱

基金的选择应该是根据基金本身质地来决定的，但当投资者客户已经购买了某只基金后，就加入了很多自己的情感，并且在极大程度上影响了最后的决策。

例子：如果你的手中已经购买了两只基金，初始购买金额一样，但一年后，发现 A 基金盈利 3700 元，而 B 基金亏损了 5100 元。那么，这时你需要用钱，必须卖掉一只，你的选择可能是哪只？

相信大部分人会选择把盈利的 A 基金卖了，而把亏损的 B 基金保留。这种投资心理，在心理学中被称为“心理账户”，每一只基金都被存放在不同的“心理账户”里，每一个“心理账户”是分开计算的，且投资结束时每个“心理账户”最好都不要亏损。同时，心理学中还有一个术语“避免

失败”，即人都是对自己有较强的正面评价，不希望自己的投资以失败为结束，一旦失败，心里会很难受，所以把盈利的 A 基金卖掉，是投资成功的表现，而保留亏损的 B 基金则是避免失败的动作，希望能等到 B 基金也盈利了再赎回。

其实这种行为就是在不断地干掉优秀的基金，而保留较落后的基金。一次两次可能效果不明显，但很多基金投资客户手里有很多基金，在较长时间后，慢慢地“优汰劣胜”，剩下的都是亏损且亏损幅度较大的基金，这样的投资怎么可能会好？

例子：背景信息如例子 1 中所描述，但这次不是赎回基金，而手中有一笔闲钱想加仓，这时是选择已经盈利的基金加仓，还是选择亏损的基金加仓？

依然相信多数人会选择对亏损的基金加仓。毕竟，加仓盈利的基金叫“追高”，加仓亏损的基金叫“补仓”。这个结果与前一个例子中是一样的，就是在投资者客户的账户中，不断地加大较弱基金的比重，减轻较强基金的比重。长此以往，手中的基金整体业绩会越来越差。

前面章节也表述了，选择基金（特别是主动管理型基金），从本质上看，就是雇用了一个人帮你炒股，那么你愿意选择一个长期经常赚钱的人，还是一个长期亏钱的人？相信绝大部分人都会选择长期赚钱的人。所以我们在看待基金投资盈亏时，一定从评价人的角度，而不是评价基金这个标的物，很长时间表现不好，多次市场机会抓不住，就是这个基金经理不行，而不是认为“基金跌了这么多该涨了”。这种思维上的转变是基金从长期亏损变为长期盈利的关键。

第 2 章 基金诊断的流程与要点

与客户沟通基金投资，总是避不开客户当前的最重要需求——如何尽快解套。如果能够有解决方案，就是比较完美的结果了。中国股市从 1990 年 12 月 25 日开市，将近 30 年了，从 2001 年的第一只开放式基金算起，也快 20 年了。在 2000 年之前，A 股市场的参与者还是小众，市场也比较不完善，我们不再多说。在 2007 年与 2015 年两次牛市中，大量的中国投资者开始进入市场，或参与股票或参与基金，应该说，多数客户对于基金是了解的。但这些客户对基金投资的了解程度是有很大差异的，对于基金投资中应该注意的问题，了解的也是不够。那么，哪些问题是基金投资客户的痛点呢，我们在银行网点经常遇到的基金亏损客户，是怎么造成的呢？

在 2015 年的牛市之前，多数亏损客户是在 2006–2007 年的大牛市后半程冲入，而在后续的市场中蛰伏不动的，在经历了 2014–2015 年的牛市后，这批亏损客户中的多数已经回本离场了，那么现在的亏损客户，多数是在最近的牛市（2014–2015 年）中套住的。而套住的原因，也多数是眼看着市场一路疯涨，在最后的关头忍不住冲进去了。有没有银行的基金营销人员在高点介绍客户呢？其实在那种时候，是不需要推荐介绍的，客户会主动来买基金。所以，套住的责任有很大一部分在于客户不懂市场与跟风追涨。但客户可不管这么多，只要是我们的银行人员曾经推荐过，或者是在本银行买的，就认定是买了这家银行推荐的基金才亏钱了，虽然不至于来银行网点闹事，但心中还是有一股强烈的怨气，也就是这股怨气造成了银行后续营销工作的困难。

我们来分析一下亏损客户的心理。

问题一：亏损客户是否对基金真的绝望了

很多客户在提及“套牢的基金”时，总是说“别与我说基金了，还亏了好几（十）万在里面，我再也不管了，就放着，什么时候能回本，什么时候就出来，再也不玩了”。而我们的银行营销人员在听了这话时，就真的信了。试问，如果客户的基金回本了，可能还有一点点的收益，客户会不会认为自己已经吸取了教训，在下一次基金投资中会成功，接着继续投资呢？很有可能。即使没有在本银行网点购买，也可能去别的银行，或者是用网上银行或手机银行完成了基金交易。

客户在说出这番话时，究竟是否真的对基金绝望了呢，是否真的不愿提起基金了呢？不一定。在多次在银行网点人员与亏损客户沟通时发现，他们对投资回本的“一丝希望”的渴望，甚至远远超过那些没买基金的客户。他们更渴望自己的基金能回本，更希望自己的基金能赚钱，如果我们能给客户一丝基金投资能赚钱的希望（或者方法），客户会立刻有兴趣聊下去。他们绝望是因为找不到希望，只要有人给了希望，就会重新拾起信心与勇气。

所以，在亏损客户处理中，重拾客户的信心是第一位要考虑的因素。

问题二：亏损客户死抱着原来的基金不放，能说服吗？

在与亏损客户沟通中，很多银行营销人员都提出过更换基金的建议，但很多客户的回答是，“亏损这么大，如果赎回是不是就真的亏了，如果不动，至少还有回来的机会”，在这样的理由下，很多银行营销人员也认同了。

如何让客户认可对亏损基金的赎回呢？最好分步走，特别是第一次让客户赎回，一定要把赎回金额控制在总资金的五分之一以内，让客户觉得大部分资金还在这个基金中，亏损的那个数字也还在，至少让客户“觉得没有实际亏损发生”。如果更换基金成功后（即后选的基金明显比原来持有的基金好），客户就很愿意把剩下的都换了，当然把亏损基金留一点点作为警示，也是不错的选择。

对付这种情况的方法，就是从小额开始，缓缓图之。千万不要操之过急，否则会起反作用。

问题三：亏损客户同意把所有差的基金都卖了，并换你推荐的基金，可以吗？

千万别，也千万别信。在基金诊断话术与实践都有一定功力后，说服客户调整基金持仓并不困难，但很多时候会用力过猛，让客户觉得“之前的基金都不好”，认为“之前的基金投资问题很多”，在心情激动之下提出把基金都换了，并且拍着胸脯保证，一旦赎回的资金到账，马上购买你推荐的基金。这种情况下，我们应该怎么做呢？

从心理上分析，这种激动的状态是不可持久的，当客户冷静下来之后，又会回想起，当初买基金时，是不是也是这样的激动，也是被银行营销人员劝服，那么这次要买基金是否还是会一样亏钱呢？是否保证不亏钱而只赚钱呢？不可能。

而基金赎回到账时间至少是T+4，客户当天赎回后，有足够长的时间来思考与冷静，那么5天后，客户还会来购买基金吗？答案是否定的。绝大多数客户，这时会选择把这部分钱用来买银行理财产品，并在内心中认为自己可能不适合做基金投资，至少短期内或者这位银行营销人员是不会有再说服客户的机会了。

案例：一位新进的国有大型银行理财经理，希望通过基金诊断，快速地积累基金忠实客户。在一周中尝试了五位基金亏损客户，说服过程非常顺利，摆事实讲道理看图表，客户都表示愿意把基金都赎回，钱到账后马上来购买新基金，结果客户再也没有回来，钱都用网上银行转走了。

案例：一位国有大型银行的网点经理，也给客户做了基金诊断，客户的基金没有全换，但占比最大（占80%）的基金确实不好，就当场赎回了，结果钱到账后，客户就选择了银行理财，不再投资基金了。

理解客户的心态，充分认识到客户的纠结心理，不能让客户又一次被冲动与激动冲昏了头脑，第一次更换基金只换一小部分，一般不超过五分之一，如果更换基金成功（即新购买的基金表现比原基金好），则第二次第三次更换基金时，就没有额度限制了，因为客户已经信任银行营销人员了。

1. 基金诊断沟通流程

假设被约见的基金客户是长期未得到良好售后服务的，很少接到银行人员电访通报情况的。因为多数银行的基金亏损客户是处于这种不闻不问、无人理睬的情况，因此这种对客户情况的假设是合理与普遍的。虽然，不同的银行营销人员风格不同，不同的客户熟悉情况处理方式也不同，但我们阐述基本步骤与要求。

第一步：大面积筛选基金亏损客户，形成名单

- 在银行的CRM（客户管理系统）中搜索出有基金持仓的客户并电话邀约
- 在银行网点大堂中设立基金免费诊断的告示牌，吸引客户进行基金诊断
- 在微信朋友圈或客户批量发送基金免费诊断的广告

第二步：对有基金诊断需求的客户分批邀约

- 有需求反馈的客户，安排时间，可批量、可单独进行基金诊断，排好时间表
- 要求客户提前给予基金持仓单（手机截图亦可）
- 初期客户少时，可单独邀约，作为练习
- 后期熟练后可批量操作，一次不超过10人
- 每个到访客户，要提前做好准备，对每个基金进行提前分析（最少要有评分）

第三步：对其中持有必须更换的基金者，准备基金调换方案

- 对必须更换的基金（前文已经给出标准），要现场更换（第一次注意赎回量）
- 记录并跟踪一个月（即一个月后，或者市场有一波涨幅后，提醒客户）
- 观察客户性格，记录有潜力成为投资基金客户团队的客户，并深入沟通

基金诊断是进行基金服务与基金营销的必要手段、长期手段、常规手段，需要多次练习，需要长期坚持，并且注意客户的覆盖度，毕竟没有在本银行购买持有基金，并不代表没有在其他银行持有基金，对于这类客户还能通过基金诊断进行客户资产的策反工作。

在整个基金诊断流程中，最难的部分是见到基金投资客户后，如何进

行沟通，且如何沟通之后还能让客户有信心继续投资，现将流程说明如下。

2. 基金诊断现场流程

第一步：回顾基金投资情况，并总结亏损原因

谈论到基金亏损问题时，很多银行营销人员都会觉得是自己的推荐或是银行其他人的推荐造成了客户的亏损，所以总觉得是自己对不起客户，对不起客户的信任，在感情上，在谈话气势上，总是弱于客户。而客户也觉得自己基金投资亏损，心里有团火，总想找个人发泄一下。

这个过程是非常重要的，先手一旦失去，要再扳回一局就会很困难，那么我们应该以什么样的态度与心境来面对客户呢？要有心理优势，就是“我比你懂基金”，让客户觉得基金投资还是应该信任银行的专业性。怎么做呢？先归纳当初基金投资的问题所在。问题有哪些？如果时间比较长了，很可能双方都应该想不起当初的想法，但可以归纳为几种，其一，买入时太犹豫，结果买的位置太高；其二，买入之后，赚过钱，但是想赚得更多，就没有及时止盈；其三，下跌时补仓太早，被套住了；其四，高位买了新基金，还没等封闭期结束，就已经开始暴跌了，等封闭期结束时已经跌了20%，不想走了。

注意这些问题，其中大半原因出在客户自身。比如，第一个原因中，“客户犹豫了”，为什么会犹豫？还不是在接到推荐后没有马上动手，造成了买得太高；第二个原因中，“想赚得更多”，银行营销人员提醒过没有？肯定提示过，当然可能语气并不是很坚决，但客户本身贪心是最主要的问题啊。不一一说明了，这些原因抛出来，就是要让客户意识到，当初亏损的原因，很大一部分是在自己，同时也要让客户重拾信心，让客户感觉到“基金投资也是可以赚到钱的，只要当初自己不要犯XX错误就可以了”。

这个尺度是非常重要的，因为把原因揽到银行这边，是不对，但过分地强调是客户做得不对，也会矫枉过正，所以在打击了客户的气焰后，再让客户有继续投资的信心是目的。

第二步：分析持有基金目前情况

在第一步目标达到后，才进入第二步的基金检视。不要上来就谈持仓基金的问题，切记切记，情绪不对的情况下，后面的沟通是非常困难的，所以不要怕第一步浪费时间，其实第一步是成功的关键。

进入第二步后，就是把之前准备好的基金分析结果告知客户。但第二步的关键点在对于持有基金的评价与描述。原则是，对于还可以的基金（不准备更换但亏损不小的基金），强调是“因为买得太高，所以才有亏损，持有的时间长一点，是会回来的”，可以与大盘指数、创业板指数进行比较，强调下跌幅度要少很多，坚定客户持有信心；对于较差的基金（要更换的基金），不要说“这个基金是如何如何不好”，因为这个基金当初就是自己推荐或其他银行人员推荐给客户的，这样评价基金就是打自己的脸，应该强调是“市场情况不同，当初的基金不再合适，但没有及时给客户进行调整”，为什么不合适呢？理由一，当初是牛市，牛市中就是应该买激进型的基金，涨得快赚得多，当初选这个基金是对的，或者选择新基金是对的，因为新基金一般都很冲动，但市场转向后，没有及时转回到比较稳健的基金中，服务不够到位；理由二，基金类型不对，在牛市中，指数型基金就是最好的，涨得快，到在下跌与震荡市场中，指数型基金就不合适了，但没有及时更换，服务不够到位；理由三，当初购买这个基金时，基金经理是XXX，能力水平是非常高的，但在XXXX时候已经换人了，新人的能力水平就不行了，我们没有及时撤离，以后一定要紧盯着基金的动向与变化，我们的服务不够到位。

客户基金亏损，我们有没有错？有，但只是“服务不够到位”。

上述原则，是在众多银行基金营销人员的经验总结，一定要强调基金是“不合适”或“服务不够及时”，未来一定要改进服务，也让客户及时与自己联系。并尽量在现场就确定基金更换的问题且马上赎回其中部分。最好的情况是，在赎回的同时就用客户其他资金购买优质基金，原因是，一方面可能在赎回期间市场上涨了，怕错过，另一方面也怕客户在赎回期间犹豫而反悔曾经的决定。

第三步：约定服务周期，强调未来基金服务

从银行营销人员的角度，应该给予客户更好的基金服务，但毕竟人的时间精力是有限的，不可能时时看着，那么就需要与客户进行跟踪时间与频率的约定。一般情况，如果没有特殊财经事件发生，1–2 周会有一次情况反馈，如果有特殊情况，随时会通知。同时，也提醒客户，每周可以看看自己的基金情况，特别是有没有更换了基金经理，让客户也参与到基金投资的过程中来。

在这三步之后，基本目的已经达到，其中的关键点在于客户情绪的控制与基金更换的理由，让客户重新关注基金，并保持对基金能赚钱的信心。

3. 基金诊断沟通要点

基金诊断的基本流程已经得到了梳理，还有几个必须要提醒的要点，是整个过程中容易出错的部分。

其一：基金更换，要做到“有所为，有所不为”。不能请客户来，就是必须要买点新基金，这种杀鸡取卵的方式客户都是能感受得到的。一定要把基金诊断做成一心为公、一心为客户，确实希望客户的基金是好基金，不能让长期差的基金成为客户投资噩梦，不能让客户各种不良的投资习惯毁掉客户的基金投资。所以，只换确实很差的基金，保留中等基金是良好、正确的策略。同时，秉承这种心态时，面对客户也更有底气，也能在基金诊断练习的初期更有自信，更容易取得成功。

其二：基金诊断不论是对单人还是群体，在沟通中，都要注意客户对“基金投资能赚钱”这一基本概念的认同。这里有两个方面要关注，一方面要让客户有自信，认为之前的投资失败是在一些很简单的投资习惯上出了错，只要能在下次投资中改正过来，就可以取得投资的成功；另一方面，要让客户对银行、对你自己有信心，不要把以前基金亏损的问题归结于是基金推荐的问题，更不让因为客户亏损而道歉（很多一线营销人员做过这样的傻事），一旦对银行没有信心，客户更不可能在以后的投资中坚持了。

其三：适当练习一对多的微沙龙方式。很多银行网点都会要求用微沙龙的方式来进行客户维护，但多数银行营销人员对当众演讲是比较发怵的。其实在进行一对多的微沙龙时，是客户认真听，而营销人员可以完整地表述，效果会比一对一沟通要好，同时效率更高。而系统性地讲述，对于自身逻辑表达能力的练习也是非常有效的。

基金诊断是一项并不复杂的业务与方法，但如果没有注意与处理好以上的要点与问题，可能会引发一些不愉快的客户体验与自身体验，因此在基金诊断的学习与练习阶段，还是应该认真对待以上要点，练习、对照、自省、再练习，在熟悉之后再自由发挥。

第 3 章　基金售后工作与长期追踪要点

“管杀不管埋”是多数银行代销基金业务的通病。基金业务必须处理好售后服务工作，但由于银行一线人员的业绩压力大、业务指标多，在没有硬性要求的情况下，很难有动力长期持续地进行基金售后追踪工作，这是客观事实，改进也确实有困难。

同时，我们也认为，过分地关注每天的基金净值，对于普通基金投资客户而言，同样不合适。关注每天的净值波动与自己资产的变化，会对客户的投资心态产生比较大的影响。几天的上涨会令自身信心过度膨胀而产生投资赚钱容易的心态，而几天的下跌又会引发过度地担忧造成持仓心态的不稳。前者心态还不会有太大的问题，而后者的结果可能会引发客户不当的止损或者频繁地向银行营销人员询问，造成基金营销人员的巨大压力，从而发布不当的投资建议。

所以，银行基金营销人员应该在基金销售前就对售后服务的范围、内容、频率等进行标准化，将之形成日常工作标准流程，并传导给基金投资客户，让客户也了解银行的基金售后服务内容与方式，让双方在比较和谐的情况下完成基金的售后服务工作。

1. 基金售后服务的目的是什么？

“世上没有无缘无故的爱，也没有无缘无故的恨。”基金在销售成功之后，还是费尽心力地进行一系列的售后服务，自然是有其他目的。但目的应该放在从战略高度去发掘客户新需求、大需求，同时结合眼前的小目标，可以多营销几次基金。

大目标、小目标同时可以达成。银行是企业，自然是以利益、利润为目标，但利益也有近期与远期之分，中国的银行体系在整个金融体系中是比较稳健的，也是最以长期利益为立身之本的金融体。所以，多数银行会将客户作为最大的目标，尽量让客户的资产、业务留在本行，带来长期稳定的利益与收益。客户给银行带来利益的需求也是全方位的，除了基金销售的中间业务收入，存款的收益、一大堆其他的金融产品费用，都是银行的收入来源。那么眼前的小目标是什么呢？自然是能够有更多的基金销售，有更多的业绩。所以基金售后服务既要能服务大目标，能够维护住客户，能够持续增加在本银行、本网点的各项业务，也能兼顾小目标，增加客户的基金投资金额或交易金额。

客户沟通的良好借口与理由。在银行营销人员的客户维护过程中，与客户进行定期的沟通是非常必要的，但很多营销人员苦于没有好的借口与客户进行较为深入地沟通。如果只聊家常，其一沟通效率低，耗费时间比较长；其二降低客户对自己的专业认同感，不利于专业形象建立；其三这种家常式沟通只适合特定人群，很多客户不愿意聊自己的情况。而简单的客户问候，一方面只能让客户感受到存在，但无法快速增进感情，另一方面别人很容易复杂模仿，没有独特性。所以，以基金售后服务的借口，与客户定期沟通，不但能够有足够的聊天素材与客户作较长时间的沟通（无论是电话还是面见），而且客户的关注与关心程度也非常高，同时还能增加自己在客户心中的专业形象。

客户邀约的强力理由。以“基金售后服务”为借口的邀约客户，也变得顺理成章，客户也会将这样的邀请视为重要的事情，在这样的手机操作、网银可以办绝大部分金融业务的时代，让客户愿意到网点进行面对面的沟通是很不容易的。对银行营销人员而言，重要的客户能够有机会见面，是多么难得与重要啊，因为“见面，就一切皆有可能”。

此外，基金的售后服务不到位，也会引发诸多问题。客户的不满情绪累积、撤离其他在本银行办理的业务、投诉或到网点闹事，都是发生过的情况。基金亏损客户会对银行有怨气，会对当初推荐基金的银行营销人员有怨气，但多数客户是明白基金投资会有亏损可能性的（在购买基金时，银行营销人员肯定有相关的告知，而且整个社会对于基金投资的了解程度已经比较高了，基金有风险，投资需谨慎，早已深入人心），真正让客户恼怒的，是“基金销售前是各种热情、各种殷勤”，而“基金销售后是不再提起、不闻不问”，是一种自己的信任被忽悠、被营销、被利用的愤怒。

很多银行营销人员会认为，在基金亏损时不愿与客户有进一步的接触，是有两个原因。其一，怕客户骂，怕客户说自己，自己主动来提起基金亏损是自讨没趣，所以选择当鸵鸟；其二，与客户提起基金亏损后，客户会问自己该怎么办，会不会再继续亏钱，而自己答不上来，也不知道该怎么办，于是也选择当缩头乌龟。其实银行营销人员在这个问题上是过分扩大了自己的责任与职责，因为银行是代销基金，银行营销人员不是基金经理，不用为基金的业绩表现负责，也负不起这样的责任，毕竟银行营销人员在其中是一种服务，而服务最重要的是让客户感受到银行的关心，要“与客户在一起”，要让客户感受到无论何时银行与自己站在一起、站在一边。如果说“陪伴是长情地告白”，那么，陪伴客户的投资经历就是银行服务的最好告白。

鸵鸟策略不但没有任何好处，反而会让银行在整个金融服务中处于被动地位，让客户逐渐疏远银行，对银行失去信任。所以，基金售后服务能够常规执行则好处多多，不被一贯执行就会有非常恶劣的后果，基金业务的管理部门与基层网点的管理层都应该有足够的认识。

2. 基金售后服务应该包括哪些内容？

既然基金售后服务是客户维护与客户邀约的重要方式，那么基金售后服务可以包括哪些内容呢？至少应该包含三个方面，分别是基金定期诊断、市场重大变化告知、宏观经济财经政策的季度分享。

2.1 基金定期诊断

市场是瞬息万变，虽然基金的稳定性会高很多，但也不是一成不变的，基金本身的很多变化也是需要银行营销人员给予足够的关注。基金会产生明显变化的因素，可以总结为三个方面，其一，基金的类型与市场大环境的匹配程度，例如指数型基金与牛市的搭配、行业型基金与政策的匹配等，一旦出现重大的匹配差异，就需要及时更换；其二，基金经理的离职，特别是优秀的基金经理离职，都要及时撤离基金，如果后来者资历很浅，更要飞快逃离；其三，基金的规模出现短期的巨大变化，即 2–3 个季度内（基金规模是每季度公布一次）规模增长 3–5 倍以上，特别是规模上升到 80 亿以上，甚至是 100 亿以上，都是非常危险的信号，并不是说基金规模 80 亿以上不能购买，而是基金经理在基金规模发生巨大变化时，需要相当长时间的适应过程，通常这个时间是半年以上，在这段时间中业绩的表现会有明显地后退。在这三种情况发生时，可以确定基金的自身特质发生了变化，要及时让客户更换基金。

如果长时间未给客户做基金诊断，则可能会有部分特别差的基金出现，特别是评分评级长期靠后时，就必须给客户更换基金了。基金诊断是一项常规而简单的基金客户维护与沟通的好方法，在短期是积累优质基金客户的方法，在中期是客户日常沟通的良好借口，在长期是自己提高专业理财投资能力的磨刀石，因此银行营销人员无论是否把基金业务作为自己的业绩支柱来抓，都应该把基金诊断作为必要技能来培训。

一般基金诊断的周期可以设定为 2–3 个月，毕竟基金的改变周期是相当长的，即使是基金经理更换，基金业绩的变化也需要一段时间后才会体现，所以基金诊断可以以“季度体检”为标准频率。

2.2 市场重大变化告知

当投资市场出现巨大的事件，或出现重大的政策变化，要及时通知客户。具体有哪些事件呢？例如，市场出现大幅下跌（指数出现 3% 以上的跌幅）、市场近期出现连续下跌（阶段性下跌 10% 以上）、宣布降息降准、宣布重大监管政策等。

判断这类变化的原则是，客户肯定知道了这类消息，并且这类消息会对基金业绩产生了巨大的变化。客户所关心的，就是银行营销人员需要关注的。

那么告知客户后，最重要的是让客户保持信心。多数冲击性的消息是不会对市场产生趋势性的影响，即使短期有冲击，在1个月之内也会恢复如初。最典型的例子是2007年的“5.31事件”，证监会突然宣布提升三倍印花税，市场反应很激烈，市场大幅下跌，但一个月之后，指数再次创新高。投资决策的变化，不要以短期因素的冲击而改变，即使要赎回，也可以等几天，看清楚了再动手，乱中最容易出错。

同时，上市公司的巨大变化也要提醒客户，例如乐视网在2017年5月出现业绩变化，并开始停牌，股票是不可能卖出了，但是基金可以及时赎回，如果及时找到这类基金并通知客户，可以避免重大损失（笔者当时在微信朋友圈中发布了相关提醒消息，并附上相关基金，之后半年这些基金的业绩出现大幅的下跌）。

2.3 宏观经济财经方向的季度分享

宏观经济的分享是较为专业的分享，一般作为阶段性沟通的话题，一季度至多一次，甚至在客户量比较多的情况下，可以是半年一次。

此种沟通分享可以作为较高端客户沟通的方式，因为高端客户的思路与思维相对宏观，对方向性、策略性的话题更感兴趣。沟通目标是与客户在投资思路与方向上达成一致，并产生在相当长时间内资产配置主策略。

这种话题的沟通，对于银行一线营销人员的专业度是比较大的考验，同时也是自身提升的好机会，促使自己对于市场动向有更深层次的认识与领悟。分享的内容包括但不限于，国际主要国家的经济形势、主流经济政策，国内GDP、货币政策、产业政策等，并能落脚于未来半年的投资方向、投资比例等具体的产品配置意向。

那么需不需要给客户定期报基金净值呢？这可属于增值、附加服务，因为这个服务会需要大量的时间消耗，而且让客户过于频繁地关注基金，对于客户的基金投资并没有什么好处。尽量告知客户，让客户自己在手机上定期查看，减少自己的低效工作内容。

2.4 基金售后服务的管理工具

当基金客户的数量达到一定规模时，基金售后服务工作会占用银行一线营销人员大量的时间，特别是对不同基金的追踪，更是耗时费力。因此，用信息技术手段帮助自己追踪基金是必须要学会的工作。

市场上的相应软件有不少，在众多免费类软件中，介绍两款比较好用的给大家。做得比较完善的是“beta 理财师”，各种工具与功能都比较全，但这个软件本是销售基金与其他金融产品，很容易产生飞单问题，不建议大量推广。另一款是“智慧理财师”，之前在基金诊断算法中介绍过，同时它的基金管理能够记录客户的基金购买情况，并对基金经理更替、基金业绩的大幅变化、重大上市公司变故可以进行预警提示，功能比较实用。

用软件工具进行客户基金管理，可以大幅提升管理效率，减少时间精力浪费，但一定注意不要在外部软件中填入客户的具体姓名与其他信息，避免客户信息泄露的重大事件。

第4章　银行营销人员对待基金业务的心态

基金业务在很长时间中，对于银行营销人员而言，一直是一个被边缘化的业务，甚至是很多员工畏之如虎、避之不谈的产品。究其原因，可以从自身与客户两个方面寻找。从自身而言，在整个金融系统中，银行的员工对于投资的了解程度，相对于证券、基金、信托等与投资关系更近的金融企业员工而言，整体专业度偏弱。多数银行员工对投资的认识与理解，比普通投资者并没有太多的优势，所以在心理上就会产生畏惧感，而且很多银行员工也在历次的股灾中受伤甚重，对投资有一定的恐惧心态；从客户的角度而言，可能投资基金的客户，有赚钱也有亏钱的，但一般赚钱的客户是不会到处宣扬自己赚了多少多少，而亏损的客户则会找到银行人员寻求帮助或大吐苦水，久而久之，让银行员工感觉到基金亏损是多数，而赚钱是少数，也产生了对基金的畏惧感。

1. 时代让投资需求爆发，银行人员必须跟上节奏

很多银行的营销人员，通过自己的努力与时间，与客户慢慢建立起来深厚的情感，并用自己的服务打动了越来越多的客户，业绩也越来越好。而一旦某个客户基金出现亏损，则前面的努力与时间，都会化为泡影，不但前功尽弃，还会有很多的麻烦与心理负担（客户经常来询问什么时候能回本）。其实通过时间来建立客户关系与基金投资的理财专业关系，是银行营销人员必须要选择的路，前者在多数情况下是线性的，只要投入，只要时间

足够长，客户关系自然慢慢升温，而后者更像过山车，投资赚钱，客户关系急速升温，投资亏损，客户关系犹如自由落体。那么，从稳妥的角度考虑，是不是应该放弃投资类产品，只做简单产品呢？

我们需要用辩证与发展的角度来看待这个问题。因为选择哪条路，一方面看自己的能力匹配程度，另一方面看客户的需求程度，而在这样一个银行间竞争极端激烈的时代，客户的需求程度是更重要的筹码。

在10年前，知道基金、了解基金、投资基金的人群是比较少的，存款、国债依然是家庭理财的主体，甚至银行理财都是需要银行人员进行大力推荐说服。曾经有这样的实际笑话，两个朋友在聊天，前者问后者，“你买基金了吗？”，后者一脸诧异地说，“我在家里基本不买菜，基金（鸡精）都是老婆买的。”在那个时代，客户群体主流的理财需求，正在从存款转向银行理财产品。而10年后，银行理财产品完全不需要银行营销人员再主动出击了，多数客户会主动地询问理财产品收益率是多少，也有越来越多的客户不满足于年化5%左右的收益率，开始涉足于高风险级的产品了。而资管新规也是要求理财产品净值化，基金是净值化产品的主要组成部分。从目前的趋势来看，客户群体基金投资者的比例也在逐渐增加，并且随着每一轮牛市都会有一次基金投资的大爆发。那么未来呢？随着中国人的财富不断积累，在满足了基本的温饱、住房等生存条件后，可投资的资产数量增长迅速，而在社会舆论的不断唤醒下，投资意识逐渐成熟，在未来，客户的理财需求在投资领域会有更多更大的增长。为什么这么判断？至少目前多数家庭的金融资产，大部分依然以存款、银行理财、国债的方式存在，这些资产的投资渠道转移，将造成中国金融投资的巨大发展。

在这样的背景下，银行的客户竞争必须要围绕着客户需求变化而不断调整。当客户的需求只停留在比较简单的层面上，有点闲钱就存起来，那么银行营销人员只需要做好客户服务就可以了，谁更亲切，谁的服务态度更好，就会有更多的存款与产品销售；而当客户的需求不断提高，特别是对理财服务的需求提升，使得客户对于银行的期望发生了改变，期待银行人员能够提供更好的产品选择、给出更加专业的建议。而在未来，客户的需求还会增长，对于银行营销人员的知识面与问题综合解决能力会提出更高的挑战。

而反过来说，客户需求的提升，也是客户意识与能力提升的过程，因为他们对于简单产品越来越熟悉，已经有了自己辨别的能力，例如，多数银行客户已经会自发地比较银行间的理财产品收益率、期限等产品因素并根据自己的情况进行产品投资。所以，银行营销人员希望自己能够保持客户对自己的专业尊重，那么专业理财，特别是理财投资，是一道永远绕不过去的坎。

同时，银行的生存根基发生了变化，对于零售客户的争夺变得更为重要。10 年前，银行之间的零售客户竞争基本是“谁大谁有优势”，因为利率是央行规定的，各个银行间没有什么差别，那哪家银行更大、更有国家信誉，就会更有优势，于是四大行永远是宠儿，而其他银行则在夹缝中求生存。在国家金融改革不断推进的过程中，利率被逐步放开，银行理财产品的出现，使得利息竞争转移了一个场地，却厮杀异常惨烈。利率竞争惨烈的背后，银行基本做到刚性兑付，使得理财产品完全成为了银行吸引他行客户的常规武器。面对存款流失、理财产品不赚钱，银行在零售端的利润被不断削薄，且越来越倚重资产端业务。在 2013–2016 年，中国经济发生了增长缓慢下降的过程，在全球经济萧条的大背景下，国内企业也是举步维艰，资产端产生大量的坏账，贷款的审批要求大大提升，准入门槛逐步提高，如果这种短期的困难还可以克服的话，那么金融体制改革的深化，融资渠道的增加，企业直接融资能力的提高，都使得银行的贷款业务长期前景堪忧。而投行业务可能是银行的利润增长点，但多数传统银行在投行业务中没有太多经验，并且投行业务的风险毕竟更大，因此传统银行在零售业务的投入与重视程度与日俱增。在银行利润的基本驱动下，基金这样的代理业务重要性被提到了一个前所未有的高度。

2. 银行的转型与个人的成长都需要投资这一环

如果大形势的变化还无法打动一线营销人员的心，那么发生在基层网点的变化则是实实在在的催命符。随着科技发展的加快与互联网金融的兴起，银行服务电子化、自动化成为了趋势。从 ATM 这样的自助机具普及应用后，银行客户开始接受非面对面的银行服务，网上银行与手机 APP 的泛滥，使得简单业务可以在远程完成，客户来银行网点的概率大大下降，而近几年陡然加快的银行网点智能化改造，让网点员工看到了“封闭柜台必然消失”的未来。大量智能机具搬进网点后，大量银行人员从柜台中走出来，与客户面对面的服务、指导，可以想象，在智能机具的操作更加傻瓜化之后，多数客户就可以自己操作绝大部分的业务，网点的银行人员何去何从呢？

银行员工与其他金融机构的员工在职业理想上，有很大的不同，多数银行员工是将银行作为终生的职业。那么在占银行员工数量大部分的基层网点人员，在银行转型的巨变之下，有哪些出路呢？三个岗位是目前认为银行网点必须有的，就是大堂的服务营销人员、客户经理 / 理财经理、外拓团队。大堂的服务营销人员，相对比较辛苦，毕竟站立的时间较长，而且出于银行形象考虑，更愿意留下较为年轻漂亮的女员工，同时考虑到银行网点客流量的逐步减少，这个岗位的竞争激烈且需求量不大；外拓团队是没有太多的条件限制，但毕竟顶风冒雪、酷暑寒冬都要在外面跑，辛苦不说，上门服务的白眼率高而成功率低，不算最好的选择；而客户经理 / 理财经理岗位相对是比较幸福的，多数时间可以在空调办公室里工作，风吹不着雨淋不着，且多数情况下客户会自己上门到银行网点，主场环境也带来很多心理的优势。那么银行需要大量客户经理吗？需要。传统银行在这么多年的运作中，积累了大量的优质客户，只是之前银行的利润主要来自资产端，对于优质客户的服务要求一直不高，目前很多客户经理名下管理的 VIP 客户都在 300–500 名之间，甚至有一名客户经理管理 1200 名 VIP 客户的惊人景象，在银行网点事务繁多、无法专注服务客户的前提下，这些客户得到的服务质量是可以想象的。

客户经理中数量最多的理财经理（专注个人理财业务的客户经理）大约能维护多少名 VIP 客户呢？一般有长期个人客户服务经验的外资银行，都会对客户经理的服务客户数量做出严格的限制，例如苏格兰皇家银行明文要求 1 名客户经理名下客户不得超过 170 人，一旦名下客户数量超额，就会要求选出部分客户给别的客户经理。而来自社会学的研究表明，人的单对单沟通半径有明显的上限，在超过 150 人（社会学中的邓巴数字）后会出现极大的效率降低。所以，目前多数传统银行的客户经理数量还有很大的缺口，未来可以吸引更多的银行员工转岗。但理财经理岗位对于理财投资、对于基金投资是绕不过去的，所以银行员工对于基金业务的迫切性是长期与广泛的。

3. 转变“想赢怕输”与“多一事不如少一事”的心态

如果说“基金业务的重要性”可以不断灌输的话，那么实际过程中的“想赢怕输”的操作心态是必须自己跃过去的。

“想不想给客户赚钱？”肯定是想的。“怕不怕让客户亏钱了？”肯定是怕的。那么一线的营销人员怎么来应对这种心态呢？要不“求神拜佛”，要不“求仙问药”。

“求神拜佛”就是求得好运气，希望某次的基金投资能够有好运气，或者认为某次买入基金时是比较大的运气来临。例如，某些顶级专家认为慢牛到了、结构性牛市到了、大牛市到了等，同时各种媒体也会争相报道，于是银行营销人员也认为运气来了就应该要抓住。

“求仙问药”是什么呢？就是找到自己可以相信的人，信任别人的指导与推荐。有没有这样可以依靠的人呢？有，但比较少，而且多数不太愿意长期指导。寻找这样的人，就需要能够辨别这样的高手。前文中对辨别方法有所描述，总结而言，就是要对于高手的战绩有三个月到半年的观察期，对于高手的推荐要有一段时间的观测，而这个“3–6 个月”中最好有一次比较厉害的下跌或市场风格的转换，这样就可以看出这位高手在不同的市场阶段中能够稳健安然地度过。在找到高手之后，还要注意如何使用这些高手的推荐。举例说明错误动作，当高手第一次推荐买入时，是否买入呢？可能观测一下，先不买入，结果涨得很好；当高手第二次推荐买入时，是否买入呢？可能买入一点点试试，结果涨得不错；当高手第三次推荐买入时，是否买入呢？大量买入了，结果依然上涨；当高手第四次推荐买入时，是否买入呢？全部买入，结果亏钱了。高手一共推荐了四次，三次赚钱，一次亏钱，是很高的水平与比例了，但最终自己赚钱了没？没有。所以，应该要在前期有比较充分的观察后（3–6 个月），一旦信任就是一样的投入，中间不能更改，要更改投资金额就要有个明确的时间，之后也要保留一致的金额。

很多银行营销人员可能在几次“求神拜佛”失败后，就选择了“多一事不如少一事”的方式，减少基金业务或干脆不做了。客户有基金持仓，亏损或者赚钱都不再通知客户，客户到网点咨询也只是报告一下相关基金的净值，对于后市的看法、建议、操作计划，统统都没有，只是期盼客户别再问基金的事情了。

银行的基金管理部门很多次地推广过基金，并多次进行过相关的基金营销活动，因此一线营销人员对基金业务也是比较熟悉的，但总是希望能够百分之百地确认这个基金能不能赚钱或者现在买基金能不能赚钱。事实上，在投资领域，从来没有百分之百确定的事，而且信誓旦旦的事，最终都会变成泡影。但银行基金销售人员，一想到“可能会让客户遭受损失”就会退缩，宁愿别做基金，与客户慢慢培养感情，也比“一招不慎”就失去一个客户要强。

这就成为进退维谷的两难局面，一方面客户的需求膨胀，对投资类的潜在需求越来越多，另一方面银行营销人员不愿在这基金方面让客户冒任何风险，进又进不得，退又退不回，如何是好。其实在面对工作时，就应该是有进无退、奋勇向前的。但很多人又给自己找到了一个很好的借口“等我能力提升上来了，再给客户多配置点基金”。什么时候是“能力提升上来了”？可能永远不够。这只是给自己找一个停下来的理由罢了。

那么，“不愿给客户造成亏损”是否就是热爱客户的表现了呢？其实不然，任何一个行业，从一个基层的普通员工走向重要岗位的熟悉员工时，都会有一个练习的过渡期，而且很多行业的“成长代价”非常巨大。

案例：医学行业，一个社区医院的医生与一个三甲医院的主治大夫，谁“手上的人命”多？肯定是后者，因为前者看到一点严重的病症马上就转院，推给了别人，完全没有自己解决的能力。虽然后者“手上的人命”多，但他们救的人也更多。那银行营销人员是希望自己的能力永远停留在“社区医生”的水平，还是希望能够向“主治大夫”靠拢？

能力越高，自然能够改变的客户会更多。那么一个医生从社区级向主治级前进的路上，需要什么样的练习与磨难？从理论学习到样本解剖，从动物实验到人体实验，即使在临床阶段也会有各种各样的困难，比如实习大夫做手术，老医生肯定会看护的，但因为自己的处理手段不佳，会不会造成病患更多的痛苦，会不会有隐性的问题没有发现，会不会因为失误而损失掉生命？都是有可能的。是不是就别当医生了，眼不见为净？可是世间少一位医生，就会有很多病人看不上病，得不到更加专业、有效的建议，造成的问题更大。“成长的代价”是没有办法的，任何医生都会从最基础的开始，没有谁是生而知之的，总是在练习中不断成长。

任何一名优秀的理财经理，都是从“什么都不懂”开始的，都会经历各种磨难与问题，都不可避免地会让一部分客户在一部分时间出现亏损，但这些经历都会沉积为经验，经验会固化为能力，在努力实践与练习几年后，可能就会成为一名成熟而有水平的理财经理，最终能够帮助更多的客户，帮助他们打理财富，也帮助他们避开很多的投资陷阱。如果世间少一名优秀的理财经理，那么就会有很多客户得不到贴身、专业的投资理财指导，在理财道路上会有更多的错误与亏损。

眼前的一部分损失，毕竟是少数，因为已经让客户用一小部分资金投资，并设有明确的止损位置。最可怕的亏损是，每次牛市的后期，或者某些疯狂的市场（比如疯炒后的比特币、玉石、古玩等），很多的客户都是受不了最后的疯狂而大举进入这些投资市场，结果造成了极大的损失。我们的银行营销人员，有没有能力及时阻止客户呢？很难。因为客户不听你的。为什么不听你的？因为你在客户的心中，没有树立起理财专家的形象，没有让客户认为你的意见很重要。那么在关键的时刻，根本不可能救客户一次。就像在 2015 年 4–5 月时，很多银行营销人员都宣称自己提醒过客户不要再投资股市，但客户对于这样的意见置之不理，甚至还认为是“挡了自己的财路”。一方面，我们可以归罪于客户的贪婪，但从自己的角度来找原因，同样是自己在以前的投资中，没有在客户的心中留下足够多的分量，没有在关键时刻让客户悬崖勒马的能力。

不管是自身的顾虑，还是对客户的珍视，以基金为代表的理财投资是躲不过去的。我们的银行营销人员必须在初期，以无畏的心态与破釜沉舟的勇气，迈出这一步，正视、重视基金业务，让更多的客户参与进来，不要觉得自己的困难有多难，不要觉得自己跨不过去，想想有多少客户还在等待着我们去“拯救”，在自身不断成长的过程中，能够为更多的客户服务，能够在关键时刻让更多的客户相信并信任自己的决策。这才是真的为客户好，真正以客户为中心。

part 05

第五篇 资产配置与基金组合

资产配置已经是银行人耳熟能详的话题。1990 年的诺贝尔经济学奖得主哈里·马科维茨为资产配置找到了理论的依据，而在 1991 年发表的论文表明，美国基金研究中发现基金收益的 91.7% 来自于资产配置的比例，这两项成为了资产配置概念科学性的证明，并让其在理财投资行业中成为了基石与准则。

几乎所有的银行零售服务，都会以资产配置作为理财的指导思想，也要求一线营销人员用资产配置的思想去影响、教育客户。而部分银行也将资产配置标准方案生成的程序内嵌到自身的客户管理系统中，可以非常方便地制作个性化的客户资产配置方案。而这种将资产分置于不同类型资产的做法也是劝说客户尝试基金、购买基金的最佳话术。

但在这对“资产配置”一边倒的推崇中，银行基金营销人员内心中总有一些彷徨与犹豫。

犹豫一：按照资产配置标准方法或标准程序给出的方案，真的有效吗？真的可以按照执行吗？为什么很难劝服客户呢？

犹豫二：客户把资产投在稳健的产品中（存款 / 国债 / 理财产品），一直有稳稳的收益，按资产配置买了基金的，却经常会有亏损。资产配置一直强调，不按要求配置，未来的资产就会缩水，但现在按资产配置方案配置了基金，反而有巨大的亏损。资产配置真的对吗？

这些犹豫的产生，有两方面的原因，其一，对资产配置真正的含义与层次没有深入理解，只会机械地使用资产配置方案；其二，在为客户理财时，不能完全站在客户的立场、未来的立场、社会发展的环境立场来综合思考客户的理财困境，无法让客户真正意识到科学理财的必要性。本篇章将从资产配置的深入理解与客户财富管理的真正挑战两个方面进行分析与解剖，让一线营销员工消除对资产配置的误解，给他们更多的沟通工具与沟通理念，并给银行员工的对私财富管理能力提供了晋升的路径。

第1章　资产配置的三重境界

资产配置是个很好的概念与方式，而其最有趣的是不同层次的理解都能对理财投资有一定的帮助。资产配置的理解也是分不同层次的，大体可以分为三重境界。

1. 第一重境界："鸡蛋不能放在同一个篮子里"的分散概念

分散是为了降低风险的同时提升收益率。其实这句话对也不对。因为在同一个风险水平下，是存在最优收益率的，也能找到最优收益率对应的资产组合。在找到这种"最优收益率"前，可以想办法改变资产配置的方案，使得风险降低且收益率提升同时实现的方法，但找到最优解之后，就不可能让两个目标同时实现了（一般称之为帕雷托最优解）。这时，风险与收益的这对冤家就只能以跷跷板的方式，实现此消彼长或此长彼消的权衡方式，即要么冒更大的风险去追求更高的收益率，要么减少风险且获得更低的收益率。

对于普通银行客户而言，资产配置的分散概念是在"找到最优解"之前的，因为多数普通客户要么过多配置了稳健资产（存款、银行理财、国债等）从而使得整体资产收益率过低，要么过高配置了风险资产（基金、股票、期货等）从而使得整体资产波动性极大，部分时间的亏损极高（特别是在受到疯牛型市场的诱惑之后）。对于这类客户，理财观念的教育是最重要的，所以把"分散"的观点植入客户的脑中是有很大意义的。

从"原始理财观念"到"分散的资产配置观念"是一个本质的变化，就像是"从不思考理财方式"到考虑基本理财方法的转变。目前而言，绝大部分银行人与客户，都可以接受这个观点。当然，这个名句本身是有下半句的，全句是 1981 年诺贝尔经济学奖得主美国经济学家詹姆斯·托宾说的，“不要把你所有的鸡蛋都放在一个篮子里，但也不要放在太多的篮子里”。这两个概念同样重要，既要保持分散，又不能太分散，因为太分散会极大地影响整体资产的收益率，并增大资产管理的难度。

只是了解到“分散”的重要性，并不是资产配置的目标，而仅仅是开始。

2. 第二重境界：“风险对冲性资产的配置”概念与“再平衡”概念

鸡蛋既然不能放在一个篮子里，那么市场上有那么多不同的篮子，我们怎么来选篮子呢？第二重境界就是在分散的概念上考虑，“如何分散更合理”。同样是为了追求在“冒一定风险的情况下，收益率能够越高越好”的宏伟目标下，不断学习研究不同资产（篮子）的特性，以及它们之间的相关关系，会发现一个重要的事实，就是有很多资产的表现是相反的，即一段时间中，A 资产表现好时，B 资产表现差，而另一段时间可能是反过来的，例如股票与债券在多数时期会表现出这种现象，债券收益上升而股票大跌，股票大涨则债券收益下跌。而这种现象使得资产配置的篮子应该在这些“表现相反”的资产中选择，那么对于多数资产进行研究之后，发现“现金”“债权资产”（固定收益类）、“股权资产”“另类资产”（大宗商品、贵金属、期权等其他金融衍生品）的分类方法比较合适，所以整体资产也应该在这四大类资产中分配。

2.1 资产配置标准方案如何产生？

如何在这四大类资产中分配？比例怎么定？这个是技术活，需要了解客户的风险承受能力与风险偏好，并通过一系列的计算，最后得到结果。当然很多银行的营销人员，在学习了资产配置理论后，可以根据自身的多年理财经验，结合对客户家庭事业情况的了解，在不经过精确计算的情况下，给客户较为粗糙的配置方案。这种方式与精确计算后的方案会有一定的偏差，可能给客户的配置方案也不是最优的（在一定风险下，未达到收益率最大），但胜在简便与实操性强。例如，可能精确计算后，四大类资产分别为现金 13.5%，债权 33.8%，股权 51.4%，另类 1.3%，但粗略的方案可能是现金 10%，债权 40%，股权 40%，另类 10%。后者可能更容易被客户理解、接受、操作。

部分银行的客户管理系统中已经内嵌了资产配置功能，而市面上也有不少类似的资产配置标准方案，那么产生的方案到底是什么含义，方案是怎么算出来的？我们将通俗地解释一下。以现金、债权、股权、另类作为四大类资产，如图 5–1 中所示，整个配置方案是通过数学中最优化的模型计算而得，但模型的基础是每种资产的年化收益率与年化波动率，因此根据某类资产相关标的的历史数据计算出年化收益率与年化波动率后，可用相关数学公式计算得到资产配置标准方案中的权重。数学公式与模型计算过程是固定的，因此资产配置标准方案中的权重结果取决于各大类资产的年化收益率与年化波动率，那这两个数字是怎么计算得来呢？由于要反映各类资产的长期表现，所以计算时就需要长期的历史数据，一般的软件中都采用近 5 年或近 10 年的数据。而计算目标中“在一定的波动率下”是指根据客户的风险偏好与风险承受能力不同，而设定相应的资产波动率。

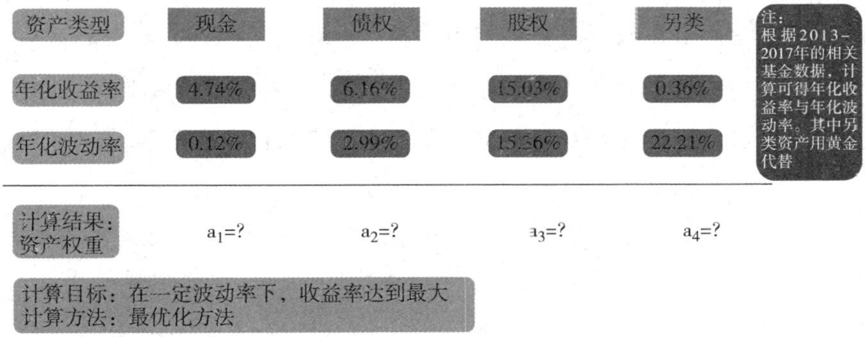

图 5–1 资产配置的标准方案计算过程

那么，资产配置标准方案的含义是什么呢？即为，**按照计算结果的各大类资产权重进行资产的配置，经过长期的市场运行，在平均意义上可以得到相应的最优收益**。请注意，是严格按照计算结果的权重进行配置，并且长期坚持才能得到最优收益。那么"长期"是多久呢？从计算过程而言，采用5年的数据，"长期"就是5年，采用10年的数据，"长期"就是10年。

2.2 资产配置方案的执行过程——再平衡

但请注意，这种标准配置方案的产生，只是本重境界中的低端，因为这种"按固定比例持有"的方法，只是分散了风险，但还没有享受到资产配置的另一层威力。资产配置的提出者马克维茨本人曾说过，"资产配置是在投资市场上唯一的免费午餐"，基本可以认为是"天上掉馅饼"。但只是分散了风险，却降低了收益率，这只是一种"取舍"过程，这不是"两全其美"的方法。那真可以两全其美吗？资产配置可以做到。在实际的资产配置中，我们会发现，在配置之初，定下了资产配置的比例，并把我们的资产按比例投入到不同的市场中，但随着市场的波动与变化，资产配置的比例在不断地改变。例如，在年初，某客户设定现金10%，债权40%，股权40%，另类10%，但半年后，由于股市大涨，造成了股权的配置比例从40%提高到了50%，这就不再是最初设定的比例数字了，那我们应该怎么办？再平衡，将各类资产的比例重新变回最初的设定。那我们怎么做呢？卖出过高比例的资产，买入过低比例的资产，从而实现比例的正确性。在刚才的例子中，由于股市大涨，股权类资产的比例过高，而其他资产的比例过低，所以卖出股权类资产（股票、股票基金等），买入其他资产；同样，如果股市大跌，股权类资产的比例就会下降，假设下降到了30%，而其他资产则由于总资产的缩水，造成比例被动增加，那么就应该卖出其他资产，买入股权类资产。

"再平衡"的概念是资产配置能够长期有效的重要原因。如图5-2所示，用2004.1.1–2018.3.30的数据，笔者做了对比图，其中资产配置的比例简化为股权40%，债权30%，理财20%，而黄金10%。图中的直线是股权收益的代表沪深300指数，虚线是配置比例自始至终不调整，而点线是半年进行一次"再平衡"。

图中可以看出，始终不进行配置比例调整的，年化收益率最低，为7.26%，而进行半年"再平衡"的资产配置，年化收益率最高，为9.29%，甚至比股权（沪深 300）的年化收益率更高。可能会有人奇怪，为什么只用 40% 的比例进行股权投资，而多年之后收益率反而比全部资产投入股权更高？

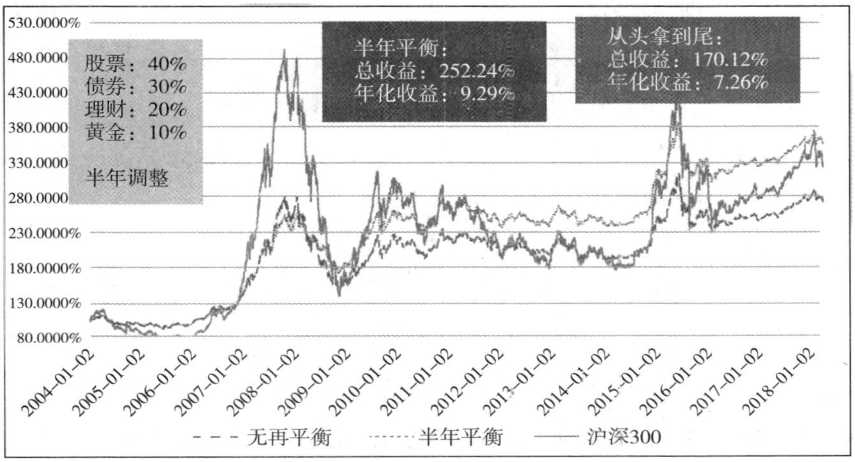

图 5-2 “再平衡”的惊人效果

深入理解“再平衡”概念时，我们发现，其实就是“高卖低买”，并且是长期、坚定的高卖低买。在股市上涨时，由于股权类资产比例在不断上升，所以会不断卖出，而在股市下跌过程中，由于股权类资产比例在不断缩水，所以会不断买入。这种方式，在长期坚持下是肯定正确的。但请注意，这里的关键词“长期”“坚持”，前者要求，不要因为一点点的涨跌就随便买卖资产，而后者要求，无论这个市场疯成什么样子，都要坚持卖出，而无论这个市场跌到无人问津，也要坚持买入。原理都是相通的，“再平衡”就是用更精确的比例数字坐标来规范了“高卖低买”的原则与操作要求。所以，资产配置才能在长期中，实现分散风险并且提升收益。

那么在什么情况下，我们需要对资产进行“再平衡”呢？从必要性的角度看，应该是考虑当前的四大类资产比例与标准比例之间的差距大小，来决定是否进行“再平衡”。由于资产价格每天都在变动，在完成资产配置之后，四大类资产的比例也在不断地变化，但微小的变化是没有必要进行“再平衡”的，且资产调整本身就有一定的费用，所以我们需要设定一个阈值，当比例的变化超过阈值之后，可以考虑调整。如何选取调整的阈值呢？一般认为 10%–15% 的比例差距比较合适。另一种方式，是根据时间进行调整，例如双月调整一次、季度调整一次、半年调整一次。这种方式，规律性强，实际操作难度最低，但时间频率与时间起点的选择比较困难，一般而言，季度调整与半年调整都可以。

在第二重境界中，能够理解到这一步的银行人，已经凤毛麟角了。但这个境界有个极大的好处，就是不用去分析、预测市场，不用天天研究市场热点，只要头脑中将这些概念融会贯通，就足够了。如果想更进一步，进入第三重境界，则必须要研究更多的内容。

3. 第三重境界：市场趋势判断与产品优选方法

在前两重境界中，只是在意资产配置的理论与方法，用资产配置本身去长期战胜市场，实现较为可观的投资回报率。其中隐含的假设是，**“市场不可预测或不要去预测市场，我们以不变应万变，用最简单的方法、最粗线条的神经、最执着的等待，来换取长期投资的胜利”**。但实际上，前两重境界中，用科学的公式计算出来的资产配置比例，都是根据各大类资产的长期平均表现，因此，有很大的改进空间。

事实上，市场的预测是艰难的，而市场的精确预测几乎是不可能的，但并不是说一点也做不到。面对市场的态度，两个极端，一个是“什么也不做，不变应万变”，一个是“尽最大努力去尽可能地精确预测市场”，前者似乎最容易，但实操中不容易做到，后者似乎都在做，但错误率也是极高。

从资产收益的角度来看这两个极端，前者的稳定性高，收益相对比较确定，后者的波动性大，可能在一段时间内收益很高，也可能犯了个错误造成巨大损失。从绝对收益上看，能够预测市场，当然能赚到更多的钱，就算只预测大趋势，在四大类资产中及时的切换，收益也远远比单纯地配置要高很多很多。例如，在 2007 年的牛市尾声（不求卖在最高点），及时转换为债券类资产，而在一年后又转换回股市；在 2015 年的牛市尾声及时转换为债券，在 2016 年三季度完成转换为股票，收益率是很吓人的。所以，能预测市场，肯定能赚到更丰厚的利润。同时，请注意，让人什么都不动，严格地执行简单的策略，是一种反人性的方式，会让操作者（客户）非常不舒服。同时，我们也会看到，严格地按照比例来配置资产，那么在熊市中，明明看到趋势在不断向下，我们为什么要按比例投基金，明明看到一个坑，为什么一定要跳进去？这让实际操作者（客户）会觉得这种方式很傻。其实，对于“以不变应万变”的策略中，就是依靠跳入一个个小坑，从而不放过任何一个黄金坑、钻石坑，因为在跳之前，谁也不能确定这个是真坑还是假坑，靠着铁一般的纪律保障每个坑都检查过了，那么总会遇到那些赚到钵满盆满的好坑。这种靠概率取得最后胜利的方法，是真实存在的，但并不适应多数客户，因为他们受不了一次次的折磨，总觉得傻傻地按规则操作是不对，这些傻操作是可以改进的，是可以赚到更多钱的。

从银行客户服务的角度来看这两个极端，前者完全不需要银行的营销人员，只要客户自己坚持就可以了，而后者则使得客户对银行人员的依赖度很高，经常需要请教咨询。所以从银行的角度而言，前者并不能增强客户黏性、忠诚度，因为只需要客户自己的坚持，在哪家银行进行投资是没什么区别的，甚至从简单的角度，很多互联网金融公司的服务会更简单、更方便。

两个极端，哪一个都有明显的缺陷。前者难以在客户中广泛推广操作，后者则本身就非常困难，甚至由于人性的弱点与犯错，可能造成更大的损失。那么，两个极端之间，有没有平衡点？其实，我们更愿意将这两个极端之间比喻成一条路，一条专业能力不断提升的道路，只要我们在趋势预测上有一点点的进步，就会让整体的投资回报率增长很多，就会让客户更加忠诚。那么，有哪些方面与步骤，可以指引这条路的前行呢？我们可以分为三个方面。其一，经济周期来判断市场大趋势；其二，深入研究技术分析方法，判断中期趋势；其三，广泛研究基金产品，判断更优质的基金。这三种方法，后面我们将详细叙述。

所以，从银行未来的理财服务角度看，第三重境界是必须要迈入的，但这第三重境界却又是无止境的，无论三条道路中的哪一条，都可以达到极高的投资境界。

资产配置三重境界的区别，可以作为银行营销人员的参考与指引，任何一重境界，都对客户服务有所裨益，但市场的竞争压力也在鞭策着银行人必须要不断前进，才能为银行客户带来更好的理财投资服务。

第 2 章　如何说服客户相信并接受资产配置？

理财为了什么？保值增值。如何理财？资产配置。逻辑很清楚，也是目前银行人给客户灌输的基本理财概念。但这个逻辑的起点是“保值增值”，换句话说，就是防止财富的贬值缩水。无论你做不做理财，钱放着，总是不会减少的，那么“保值”是保的什么值，是与什么比较后的值？

大家在提起财富的“保值增值”时，最开始的动因是，随着时间的过去，钱似乎越来越不值钱了，能买的东西越来越少，东西越来越贵，所以“保值”就是购买力能够保持。简单来说，就是财富增长的速度应该要超过物价上涨的速度。而物价上涨的有多快呢？是不是只要理财的收益能够超过这个数字就可以了？没有这么简单。一般我们都用 CPI（消费者价格指数）来表示物价上涨的速度，CPI 本身是记录一般家庭日常消费的产品，并追踪这些产品的价格变化，最终计算出一般家庭维持同样的生活，需要多花多少钱。如图所示，自从 20 世纪 90 年代后，只有在 2011 年时，因为 4 万亿投放后造成过短暂的物价快速上涨，其他时间国内的 CPI 数据一直都不高，特别是 2016 年之后，CPI 一直在 1%–2%，也就是说一般家庭维持与以前同样的生活，一年只多花不到 2% 的钱。

很多人可能会认为，是不是这个 CPI 的数字太不准确了，国家统计局故意降低了这个数字，因为大家在实际生活中感受的物价上涨速度远远不是这个 1%–2% 能够符合的。其实这个数字是准确，但为什么与我们的感受不同呢？我们仔细来看看这个 CPI。在 CPI 中，大约有 30% 左右的比例是食品（即一般家庭的消费中，食品占了30%），而食品的上涨速度基本维持在一年5%左右，而其他的消费（即称为非食品类）多数年份是负增长，即价格是下降的。哪些东西呢？比如电子产品、衣服、汽车，等等。因为在计算CPI时，肯定要盯着同一种产品，来观察价格的变化，比如手机，2017年出了iphoneX，那么2018年同样的iphoneX价格有什么变化呢？应该是下降了。到了2019年，价格降得更低。同样，一款家庭SUV车，第一年新品上市，价格比较高，从第二年开始，这款车的价格会越来越低。所以CPI综合地看到，一般家庭维持生活的费用，每年上涨的幅度不大。但为什么，我们的感受不对呢？因为当财富的数量已经跃过了温饱线后，对生活的意义已经有了巨大的区别。

例子：与夫人共度结婚纪念日，一起出去吃大餐，算不上特别好的餐厅，但也花费了600多元。如果从吃饭的角度，一般的餐厅可能够吃2–3次了，在家里吃可能够吃两个星期。从生存的角度，在家里吃饭是最省钱的，也足够满足生存要求了，但偶尔出去打打牙祭改善生活也是必要的，这部分要求就不是温饱的要求了。

同样的情况发生在我们生活的方方面面。从衣食住行描述一下这30年的变化。20世纪90年代有一种布料叫“的确良”，是一种化纤材料，那时有这种布料做的衣服，就是很新潮了，现在化纤原料都要被遗弃了，要纯棉的、丝制的、羊毛羊绒的成为人们的基本要求；现在的超市中，依然有2.5元一斤的大米，但10元、20元一斤的大米也被普遍接受了，一个月也吃不了多少米，稍贵一点，但味道要好很多，猪肉也有10元一斤的，但各种绿色猪肉、品牌猪肉，也在悄然占领最多的市场份额；现在的房价确实贵了很多，但相对30年前，房子已经不仅仅是居住了，不但要求房子质量好、格局好、朝向好，还有小区环境、周边配套、学区质量等，其实在这么多要求下，房子的价格已经不只是房子本身了；30年前，骑自行车是主流，但现在骑车是低碳环保，以前打车觉得很心疼，现在打车觉得很正常，嫌出租车服务不够好，各种专车也是生意兴隆，现在坐绿皮车的人越来越少了，在有条件的情况下，会毫不犹豫地选择高铁。我们对于生活的要求已经越来越高，而且随着社会发展与财富增长，自然而然地会要求更多、更好。所以，多数人，多数银行的客户，他们的财富就不应该与CPI比较了，因为他们的目标已经从吃饱穿暖转移到“日益增长的物质文化需求”，至少与周边的人比起来，并不差。所以，我们的财富需求比之前大大增加了，而随着社会进步与发展，可以预见这种需求的增加还会持续。

那么，我们用什么来衡量这种增长的速度呢？关键是保值增值的标准是什么。一般有三个数据可以作为不同的保值对标参考，CPI、GDP、M2，他们代表的含义是不同的。

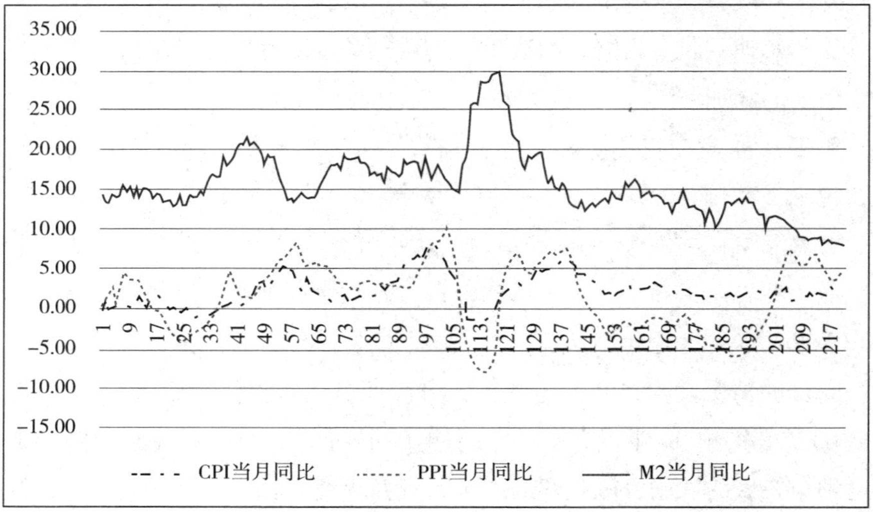

图 5–3 GDP、CPI、M2 的增速

数据源自 wind

CPI代表着生存，是消费者价格指数，代表着一般老百姓在现有生活条件情况下，生存下去的成本变化。GDP是社会财富的平均增长，是居民生活平均水平提高的反映，而M2是广义货币的数量，可以代表国家总财富的增长速度，M2的含义比较复杂，不再仔细阐述。三种数据的增长幅度是远超大家想象的。截止到2017年底，从1985年开始计算，CPI平均年化5.18%，GDP平均年化15.27%，M2平均年化20.18%；从2000年开始计算，CPI平均年化2.33%，GDP平均年化13.34%，M2平均年化16.30%；从2010年开始计算，CPI平均年化2.66%，GDP平均年化10.31%，M2平均年

化 13.48%。

我们发现，从 2000 年后，CPI 的年化涨幅一直不大，长期已经比较稳定，其实也代表着民众的生存压力在不断减小，物质的丰富程度大大增加，社会已经超越了温饱的程度。而 GDP 的增速也在不断地放缓，特别是 2010 年之后，中国的经济经历了较长时间的 L 底过程，2016–2017 年的 GDP 增速也经历 6.5% 的低潮期，但在 2017 年底已经基本走出 7% 的低增速区域。从整体趋势看，GDP 的增速越来越慢，已经是不争的事实，但回落的速度还是比较缓慢的，基本是每 10 年下降 2%–3%，可能在未来的 10 年，我们的 GDP 还有 6%–7% 年增幅（政府公布的 GDP 增速，是扣除了物价上涨后的 GDP 增长）。而 M2 的变化也体现了相似的趋势。

所以我们发现，财富的增长速度是与目标联系的，那么多数普通客户应该与 GDP 的增长看齐，而高净值客户则要与 M2 看齐，否则家庭生活就会随着时间的推移而不断地从原来的社会层次中后退。那么，我们的财富增速也要达到这个速度，否则现有的财富就是在不断贬值。所以，对于一般民众而言，在目前这样一个全面建成小康社会的时代，过去的财富，就要追求更高的增长目标，比如紧盯 GDP 的增速，那么至少也要定在 9%（GDP 增速加 CPI 增速）以上。这是所有目前的理财产品都不可能达到的目标，因此部分资产投资高风险高收益的产品是长期家庭配置必不可少的部分，比如股权类基金。

但目前的普通客户与多数高净值客户并没有意识到这一点，而银行营销人员也无法清楚地向客户解释这一问题。实际上，包括银行人在内的多数人，家庭可用的金融资产，50% 以上在存款 / 理财 / 国债中，只有极少数会放在保险、基金、股票等产品上，所以事实上多数客户认为高风险投资就是试试就可以了，赚了高兴，亏损也不心疼。如果这种观点是对的，那么资产配置方案中计算出来的数据，那些基金股票配置要超过 40%，甚至部分高风险偏好客户可以达到 60%，这样的结论还对吗？当把财富增长的目标看清楚后，高风险高收益的投资在长期理财是一种必要的配置。

可能有人会问，“我们之前的投资都是在存款 / 理财产品 / 国债上，收益率也没有 GDP 增速那么高，但为什么没觉得财富在贬值啊，没觉得家庭财富缩水啊。”多数家庭的财富，每年都会有一定的增长，这种增长会有三种途径，劳动所得、资本性收益、其他投资（例如房产）。多数家庭的财富增长是依靠第一种，即劳动所得，如果一个家庭正处于上升期，一般各种途径的劳动所得（工作所得）能够使得家庭财富以高于 10% 以上的速度增长，甚至很多的企业主或高管的年收入可以让家庭财富增长 20% 以上，在这种情况下，家庭资产不用做高风险投资的，可以多考虑保险类等保障类的产品；如果一个家庭对未来的收入增长产生怀疑，或者积累的财富已经比较多，未来也不可能让家庭总财富能够以 9% 以上的速度增长，那么就要求助于资本性收益，就必须要考虑投资高收益产品；如果某些家庭希望自己能够提早退休，那么必须要提前考虑家庭资产的投资问题，因为提前退休就是断绝了家庭财富增长的一个途径，那么资产收益必须要达到 9% 以上，才能让财富不出现明显的贬值。

理财，是每个家庭必须重视的问题，而理财的观念必须经常更新。而银行的理财工作人员是在帮助客户走向成熟、正确的理财之路，是在帮助客户更新更合理的理财方式与理财策略。走出经验主义，从实际出发，银行理财经理有义务让客户更早地了解、灌输正确的理财观念。

第3章　91%的投资收益来自资产配置？

指数型基金与主动管理型基金的适应性

这个论断是来自于1991年美国共同基金（相当于国内的公募基金）业绩的研究结论，但这一句话却有点断章取义的味道。原论文的真实意思是，在12年（1974–1985年）基金业绩的分析中，不同的基金为什么会有业绩的巨大差异，有91%的原因是这些基金的资产配置比例不同。这个结论很容易理解，部分基金比较崇尚保守的投资风格，因此债权类资产的比重比较大，而股权类资产的比重比较小，最终业绩较差；部分基金风格较为激进，债权类资产少，股权类资产多，最终业绩好。在1974–1985年，美国股市是先震荡后拉升，最终是股权配置较多的基金业绩好。这个结论是为了说明，在这些基金的业绩分析中，基金经理的择股与择时能力并不重要，还不如直接配置指数基金，最终的业绩结果还是取决于这个基金的配置风格。

如果这句话，直接理解为，“做好资产配置，就解决了91%的长期收益”，有点过于武断。首先，原论文是只研究了美国12年的共同基金表现，时间跨度不足，也没有经历牛熊周期，这个结论是否有长期有效性，值得商榷；其次，美国股市中，共同基金业绩普遍比指数差，而在中国，公募基金的业绩长期是远超指数的表现（特别是远超上证指数）；其三，美国股市也有其特殊性，过去100年一直在趋势上涨，是否能将此结论直接放在中国，需要仔细辨别。

1. 问题一：为什么美国市场的指数比基金强，而中国相反？

这是不是说明中国的基金经理比美国的基金经理强？主要还是参照物不一样，两国的指数构造方法与基本制度有比较大的差别。股市的趋势方向应该是与经济的趋势基本一致的，因为国家的发展在微观层面就是企业的发展，如果一个国家有代表性的企业多数进入了股市，那么股市与经济在趋势上就应该是相似的。但似乎这个规律在中国市场不太符合，看着美国每年1%–2% 的 GDP 增长，再看看中国对 7% 以下的 GDP 增长都会觉得不能接受，而美国股市不断地刷新着历史的新高，中国股市却一直走不出 2007 年的高点阴影，相较之下，确实让人扼腕叹息。

上市制度是根源问题：很多人抱怨中国股市太黑暗，各种内幕、各种不公平，其实这些只是一些上不了台面的小手段，只是为一小部分人赚了点钱，他们是无法影响中国经济与中国股市这样的庞然大物。那么问题的根源在哪儿？是上市制度。注册制与核准制是近几年监管层一直在讨论与逐步推进的大事，而上市制度的差别是股市长期活力不足的核心问题。为什么呢？一个公司的股票能够长期大幅的上涨，一定是公司本身的不断扩展与壮大。一些资金可能能够在短期内操纵一个公司的股票，但长期把持一个烂公司，其他资金不去参与，自己也玩不下去。但是公司的高速成长期是什么时候？是在公司规模较小时，还是在公司已经成长行业龙头后呢？答案显然是前者，因为公司规模较小时，可能一张订单、一个项目就让公司有了几倍的成长，如果已经成为了行业龙头，那公司的发展必须主要依靠行业本身的发展了。这时，注册制与核准制就有了非常大的区别，注册制之下，只要公司达到了上市条件与要求，就可以在市场公开发行股票，而核准制之下，虽然公司达到了上市条件，但监管部门还要考虑市场扩容速度、当前政策、每年发行股票的数量等，毕竟在 2015 年之前，每年的新上市公司数量是比较少的，而且上市的机会也优先倾向于国有企业、大型企业。这样的结果，就使得民营企业必须已经是足够巨大与成熟了，才能登录 A 股市场，可能已经错过了企业蓬勃发展的时期，而上市的国有企业则多数已经是行业巨无霸或者本身经营出现困难，这使得股市的趋势向上、分享经济增长蛋糕的优势失去了大半。举例说明，中国石油（601857.SH）在2007年10月登录A股市场，这是一家石油行业的巨无霸，已经不可能再翻番地成长，而其2001年美国上市时，市值却要小很多，这也成为了股神巴菲特的一次经典投资案例。同时，注册制也会带来一个问题，当企业真的不行时，股价是会跌到0的，很多美国股市中的著名公司，在破产时股价都会在几美分，因为上市公司这个壳子是不值钱的，如果在核准制下，就算是亏损公司，但因为上市不容易，那些想上市的公司可以通过注资、收购等方式，把这个"壳资源"买下来，所以注册制实行后，上市企业的退市机制也会被大大加强。所以虽然从长远看，注册制比核准制要好，但在转制的时期内，会造成中小创的大幅下跌，所以监管层也在考虑如何平稳过渡。

指数构造方法不同：拿美国的道琼斯指数为例，它是由65只股票的平均价格计算而成的，而纳斯达克指数由100只股票的价格变化计算而成，而中国股市中最引人注目的上证指数是在上海证券交易所上市的所有股票的加权平均计算而得，新股上市后三天就可以计入指数。企业总是有生老病死的，有兴起就有衰弱，如果指数只是其中比较好的企业、比较有发展前景的企业，那么指数就会一直趋势向上，如果企业选得比较好，那么这个趋势就会比较明显。所以，美国的几个指数都是按一定的方法选出一定数量的企业股票，并按一定的时间频率去掉差的股票选入更优质的股票，而中国的上证指数是整个市场的所有股票都在指数内，而且很少有股票退市，那么就使得上证指数的包袱越来越重，趋势也不那么与经济增长匹配了。同时，中国市场中，新股上市后，都会有一段时间涨得很厉害，在新股新政前，是上市第一天无涨跌幅限制，新政后虽然对涨幅有了限制，但连续多个涨停板，也基本透支了股票短时间内的上涨空间。所以，在中国市场中，那些带数字的指数（沪深300，中证500，上证180等），整体的趋势涨幅要远好于上证指数，而主动管理型基金也有很大概率可以超越上证指数。

2. 问题二：中国的基金经理表现是不是比指数强?

这个问题的答案是：不一定。从基金经理平均表现的角度看，在牛市行情中，基金经理的收益要弱于指数型基金，而在熊市与震荡市中，基金经理的收益要强于指数型基金。原因是什么？

原因一：指数型基金的构造是涨时快，跌时亦快。指数型基金目的是为了跟踪对应指数的走势，并不是博取超额收益，因此正常情况下，95%的资金是买入相应的股票，剩下的5%资金投资于短期债券等，预备日常基金赎回的压力，而一般的主动管理型基金，股票的持仓没有这么高，就算是股票型基金或偏股混合型基金，正常股票持仓比例在70%-90%之间，所以指数型基金由于股票资产占比高，上涨时快，下跌时也快。

原因二：牛市是普涨市，强者恒强，疯者更疯，而且板块效应比较强，指数型基金的股票选择以及某个股票的购买比例都是按指数制定的规则计算出来的，并不会因为某只股票涨得太多而卖出，也不会因为某个股票涨得少而多买点，非常坚定地持股，在牛市中涨幅就有保障；而熊市是普跌市，下跌也有惯性，一旦指数型基金持有某些股票，不能因为未来可能还会下跌而卖出，只能看着滚滚下跌。所以，指数型基金这种被动型基金，牛市上天，熊市入土。

原因三：震荡市时，指数型基金也在震荡。什么是震荡市，直观来说，就是指数在一定的区域内来回地运动。那对应的指数型基金，自然也就来回地运动，如果自己能够把握节奏，波段操作，收益还不错，但如果一心死拿着，就是坐电梯的命运了。而主动管理型基金就可以发挥主观能动性，涨高了卖，跌多了买，不断地赚一些差价。虽然这种方式在大牛市中是丢了西瓜捡了芝麻，但在震荡市中则是如鱼得水。

所以，在中国，基金经理的表现在震荡市与熊市中要优于指数（指数型基金），但在牛市中则不如。可惜的是，中国股市一向是“牛短熊长”，造成了主动管理型基金在长期的表现要优于指数型基金。

那么，回到本章的问题，在中国，依然是91%的收益来自于资产配置吗？其实也不尽然。在自己能力范围内，可以适度调整资产配置的方案比例，随着自己的能力增长，不断地扩大调整比例，这就是一个理财能力修炼的过程。

第4章　调整资产配置比例的规则一：经济周期来判断市场大趋势

在各种金融机构的研报或未来投资策略中，经常会听到四个词，“低配”“标配”“高配”“超配”。字面意思就是“低于标准配置比例配置”“标准配置比例配置”“高于标准配置比例配置”“超额标准配置比例配置”，其中“标准配置比例”是前文章节中指出，根据各大类资产的历史表现与客户个人的风险承受等因素，计算出来的各大类资产最优配置比例。如果不看好某类资产，结论就是要“低配”，看好某类资产，则推荐“高配”或“超配”。当然，“低配”是比“标配”低多少，还是要客户自己掌握的。

那么，这些券商或机构是根据什么来给出这些不同于“标配”的建议呢？首当其冲的因素是经济周期与经济趋势。因为经济周期与各大投资市场的关系最为密切。

资金不会增加亦不会消失，只是从一方的手里到了另一方的手里。从更大的角度看资金，资金就是从一个市场流动到了另一个市场，而这些市场则不断地涨起下落之间徘徊。这一切的背后，就是整个经济的起与落。

经济为什么会起落？经济为何有周期？学术界有七八种不同的解释，但简单且不严谨地来说，这似乎是市场经济背后的自然结果与人性追求利益的双重作用。用一个例子来说明，一个地区种樱桃，第一年出了个新品种，卖相好看，味道不错，但由于多数农民不知道这新品种有什么种植难度，心想万一种新的樱桃死了怎么办，还不如种老樱桃，赚钱也比较稳妥，于是只有极少数人愿意试试。新品种樱桃数量少，味道好，价格高涨，销售一空，种新樱桃的人狠狠赚了一笔，于是第二年有更多的人去种新品种了，但因为市场口碑很好，新樱桃依然价格高涨，销售喜人，于是更多的人坐不住了，加入了新樱桃的种植行列。第三年，新樱桃产量高了，价格略有回落，依然赚钱，虽然赚得不如以前多，但别人不知道啊，继续有更多的人来种新品种。第四年时，新樱桃实在是太多了，市场价格一降再降，种植户亏了很多，可是因为前期已经投入了很多成本，此时改种老品种，会亏更多的钱，于是大家期盼来年新品种樱桃的价格会起来。可惜，由于种的人没减少，产量依然很高，第五年的新品种价格还是很低，有一些人已经熬不住了，换了新品种，还有大部分人在坚持。第六年，依然价格低得离谱，似乎传说城里人不爱这种新品种，还是老品种好，于是大部分人退出。第七年时，新品种的价格突然又高得离谱，之前退出的人捶胸顿足，认为只要再坚持一下，就能看到曙光了，殊不知，只有这些人退出了，市场才会恢复。

简单的道理人人都懂，但就是在不同的行业周而复始。2011 年之前，钢铁的价格一直上涨，国家的基建项目似乎无穷无尽，建完了国内还有国外，钢铁的需求也是越来越多，看着钢铁业真是赚钱啊，从铁矿石运到码头，已经赚了一笔铁矿上涨的钱，运进了钢铁厂，钢铁价格又上了一截，从钢铁厂出来又涨了，在库房堆了几天，又上涨了。一个流程大约 45 天，利润能超过 50%。很多人眼红了，大量的资产开始杀入钢铁业，小钢铁厂不断出现。一开始，小钢厂一样赚钱，但这个行业的竞争者越来越多，产出的钢铁也越来越多，似乎突然有一天，钢铁不涨了，也没有那么多人要钢铁了。价格有所下跌，但没关系，还是可以赚钱的，大家继续生产，而且生产的比以前还多（为什么？试想，一个钢铁厂老板，去年产量 5000 吨，每吨赚 500 元，一共赚 250 万，今年每吨只能赚 250 元了，怎么办？是继续生产 5000 吨，最终利润减少一半，还是加班加点，把产量提升一倍，赚得一样多？）。价格继续下跌，利润不断变少，但大家都不愿意放弃。终于有一天，价格跌破了成本价，大家开始亏钱了，但一个钢铁厂建起来，是要大量资金的，不可能说退出就退出啊，那么多兄弟相信自己，跟着自己干，不能说不干就不干，当初要带着大家一起赚钱的誓言还是要遵守的，于是大家继续咬牙坚持。银行在中间也扮演了推波助澜的角色，因为总行下命令，钢铁行业是受限行业，于是在钢铁厂最艰难的时候开始抽出资金、抽出贷款。开始有钢铁厂坚持不住了，倒闭了，但市场依然供大于求，价格还在下跌，越来越多的钢铁厂坚持不住了，价格下跌的势头好像变慢了，更多的钢铁厂倒下了，价格不再下跌了，但还是亏钱。最终，当钢铁行业的整体产量已经小于需求，库存也出清得差不多了，价格开始了快速上升，活着的钢铁厂开始赚钱，行业又恢复了正常，可惜那些已经倒闭的企业，已经看不到这个场景了。（图 5-4 所示，钢铁的价格走势 2011–2017 年）钢铁行业的这个噩梦持续了将近 5 年，大量的小钢铁厂、大钢铁厂合并，在中国，可能各地政府会保着钢铁厂，因为钢铁厂的职工失业会引起更大的社会问题，所以钢铁的价格也一直很难上涨，如果不是供给侧改革用行政的方式快速减少了产能，这个钢铁的噩梦不知道还会持续多久。

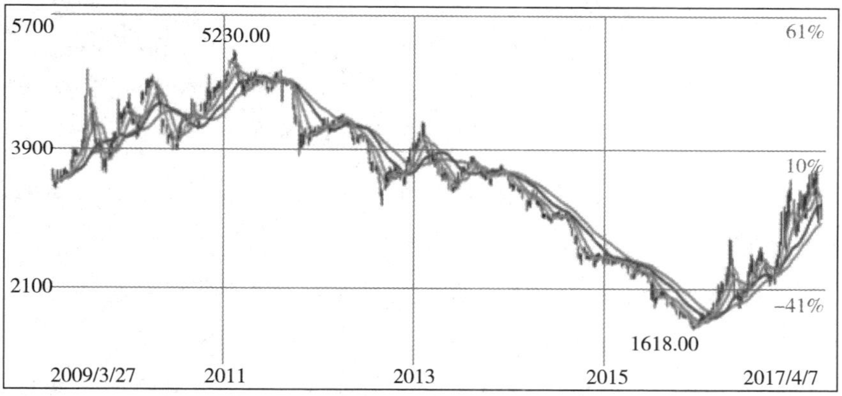

图 5-4　螺纹钢 2009–2017 年价格区间：5230—1618—3692

一个行业如此，整体经济也如何，所以经济也会有繁荣、衰退、萧条、复苏，这样的轮回往复，似乎大家都知道繁荣会有衰退，可是衰退还不知道什么时候会到来，但眼前的利润是实实在在的，所以还会有大量的人与资金涌入，直到衰退到来。这样的怪圈就是周期，不以人力为转移。那么，政府会管吗？会的。所以有了宏观调控，在经济过热时，出些政策降降温，在经济下落时，出台政策刺激一下。那么宏观调控能否消除经济周期呢？不能，只能让山峰不要那么高，低谷不能那么深。这已经比什么都不管，要好多了，毕竟如果政策不管，很多人与家庭是熬不过低谷的（1929 年美国经济大萧条时，很多家庭熬不过去）。

经济周期如果是正确的，那么就可以根据经济周期及时调整投资的方向。美林时钟是经济周期与投资品之间的桥梁。这个由美林银行提供给世界的时钟，能够让大家能更清晰的眼光去看待大类资产的投资时机。

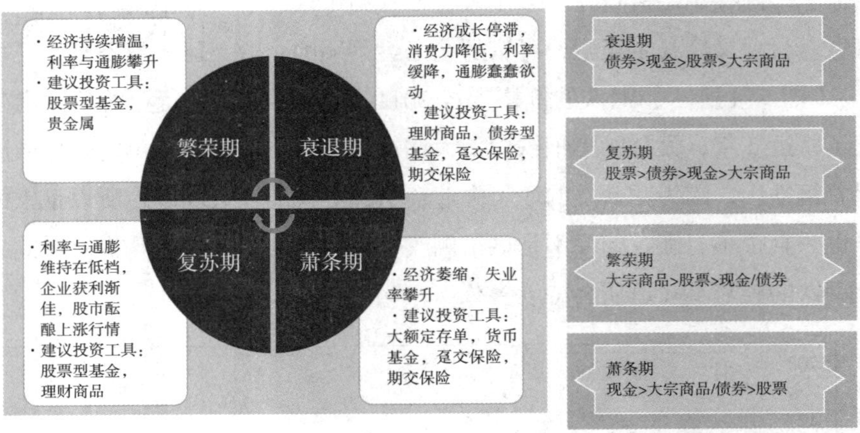

图 5–5　美林时钟与对应投资品

美林投资时钟理论按照经济增长与通胀的不同搭配，将经济周期划分为四个阶段：

1、“经济上行，通胀下行”构成复苏阶段，由于股票对经济的弹性更大，其相对债券和现金具备明显超额收益；

2、“经济上行，通胀上行”构成过热阶段，通胀上升增加了持有现金的机会成本，可能出台的加息政策降低了债券的吸引力，股票的配置价值相对较强，而商品则将明显走牛；

3、“经济下行，通胀上行”构成衰退阶段，现金收益率提高，持有现金最明智，经济下行对企业盈利的冲击将对股票构成负面影响，债券相对股票的收益率提高；

4、“经济下行，通胀下行”构成萧条阶段，通胀压力下降，货币政策趋松，债券表现最突出，随着经济即将见底的预期逐步形成，股票的吸引力逐步增强。

虽然经济周期有四个阶段，但由于一般银行客户很难直接投资于大宗商品，资产配置的主要变化是在股票与债券之间，所以只需要看到经济周期的上半圆顶点与下半圆底点，这就是经济由盛到衰与否极泰来的转折点。那么，我们的工作就是要预测出这两个点的时间。这有可能吗？

所谓预测，难点在于精度，如果要预测到非常精确的时间，是几乎不可能的，但如果只是一段模糊的时间，那么难度会降低很多。

那要预测经济周期转折点，是不是要很深厚的经济学知识，对财经新闻要了如指掌？不需要。其实银行人在这点上，有先天的优势，因为最简单也相对准确的方法，就是看利率，这个银行人天天在看的数字。那么，看哪个利率，看利率的什么特征呢？中国的利率可以分为基准利率与市场利率，基准利率由央行公布，而市场利率则可以从多方面获得，例如上海银行间同业拆放利率（shibor）、理财产品收益率等。对银行人而言，理财产品的收益率是更常见更熟悉更敏感的数字，可以作为观察对象。同时，要关注利率的变化方向，即“升息通道”与“降息通道”的方向。

为什么“利率”可以作为经济转折点的判断呢？原因有两方面。

原因一，理论分析：利率本身作为一种宏观经济调控的手段，就是反映了政府对于目前经济走势的判断。“升息通道”与“降息通道”，哪个对应经济上行，哪个对应经济下行呢？其实要判断也很简单，就是要从政府的角度来考虑。政府的目标是什么？是让经济平稳增长，既不能太快，也不能太慢。太快会引起经济过热，太慢会造成很多社会问题。所以，政府制定的策略就是为了达到经济平稳发展的目的。利率上升，对经济是抑制还是促进？是抑制，因为利率上升，会使得全社会的资金成本上升，压缩投资的利润，从而抑制投资的增长；利率下降，就是促进经济的增长，因为利率下降让资金的成本下降。综上所述，“升息通道”开始时，代表经济已经上行，甚至经济已经复苏，而“降息通道”开始，代表经济衰弱之象已成，下行已经成为必然。

原因二，历史经验：在历次央行改变利率通道的时候，都是股市市场与债券市场强势互转的时刻。如图 5-6 所示，在 2006-2007 年的大牛市中，市场的上涨带一路的加息，而在 2000 点之下密集降息，甚至出现了底部一次降 1.08% 的幅度，而在随后的 4 年震荡市中，始终是在高位加自息，低位降息，但 2014–2015 年的大牛市则相反，在上涨过程中一路降息，结果加速市场暴涨，在暴跌中已经没有降息的空间了。

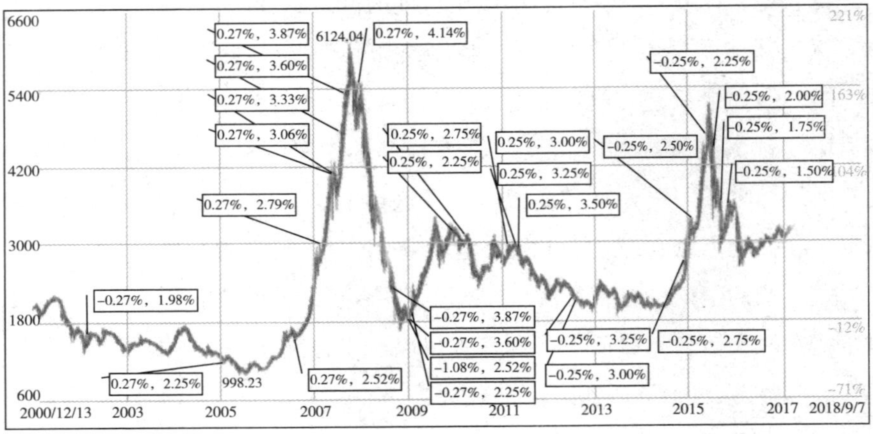

图 5–6　上证指数走势与加息

当然，2014 年之后也是伴随着利率改革的深入，央行给出的浮动范围不断增大，而以银行理财产品、shibor、国债期货价格等为代表的市场利率逐渐成为了利率的新代表。我们将 shibor3 月的数据与上证指数进行对比，从 2016 年 10 月后，shibor–3M 快速上升，上证指数也一路上涨，在 2017 年 12 月 shibor–3M 见顶后高位震荡至 2018 年 3 月，随后快速下跌，对应上证指数也快速下跌。可以看出，利率在大趋势上预测股市有一定的参考价值。

那么目前处于什么周期呢？是经济衰退期还是复苏期？如何判断。从经济周期本身来判断，可能至少要从 GDP 变化、CPI 与 PPI 的趋势，以及全国货运量、全国电力用量等经济指标深入分析后来确认，但这些工作可以交给经济学家们去完成，银行人员只用看利率变化就可以了。虽然从 2015 年 10 月 24 日，央行宣布存款基准利率降为 1.5% 之后，央行就一直没有改变过存款基准利率，那现在是升息通道还是降息通道？其实在 2016 年 10 月之后，这个降息通道的趋势就发生了变化。变化的起因是美联储宣布要开始加息，结果是中国的银行理财产品收益率大幅上升。在 2015 年 10 月之前，各银行的理财产品收益一直在下降，因为是降息通道，理财产品也是与基准利率相关的，最低时四大行的银行理财产品非保本类降到过 3.5% 左右而保本类降到过 2.8% 左右。但在这个时间点（2015 年 10 月）之后，理财产品收益很快就回到 4% 以上，在 2017 年 3 月之后，基本回升到 4.5%，之后一直缓慢上升，直至很多银行都报出年化 5% 以上的理财产品。

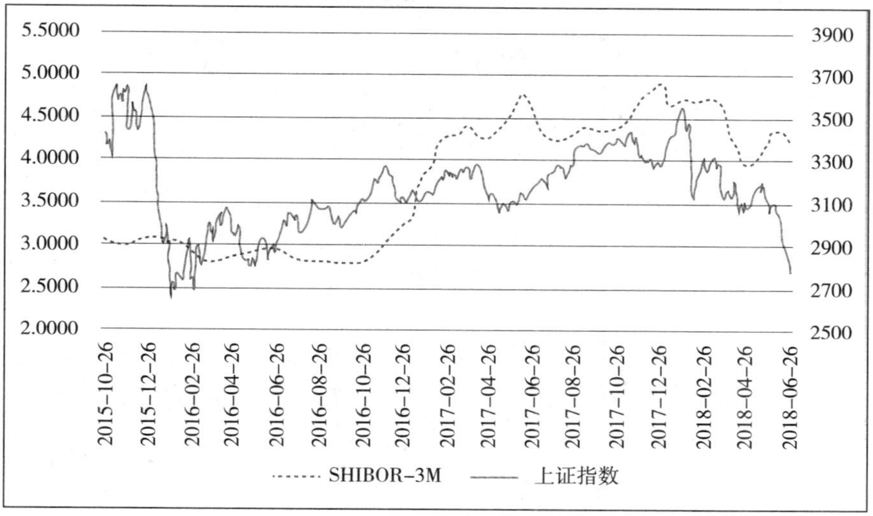

图 5-7 上证指数与 shibor-3M 的走势

如果我们判断在 2016 年 10 月之后，经济周期发生了转变，从衰退开始了漫长的复苏之旅，那么这个判断对于资产配置有没有作用呢？作用很大。在经济向好后，应该加大股票市场的投资，减小债券市场的资产配比，而 2017 年是上证指数非常好的一年，而债券市场则是一片哀鸿遍野，很多银行的营销人员感叹，“原来债券基金 / 资管也是可能亏钱的”。所以，如果从大周期角度，这些特殊的转折点是必须要把握的，而且不用把握得很准，就算偏差一两个月，也不会有太大的损失。

利用经济周期的变化，是资产配置比例方案调整的最重要因素，也是广大银行一线营销人员必须要理解应用的基本工具。

第 5 章　调整资产配置比例的规则二：深入研究技术分析方法，判断中期趋势

如果说判断经济周期需要耐心地等待，那么第二种方法就需要刻苦地努力了。技术分析有没有用？这个世界上，有数以亿计的人在学习、分析不同市场的图形，大部分人没有学懂，乱用；有些人学懂了，不用会；有些人学通了，赚了很多；当然也有很多人不用学，也可以稳定盈利。首先，我们要说明，技术分析不是一个金库的钥匙，它只是一个挖金矿的工具，同样的工具在不同的人手里，效果会有极大的不同，甚至是反效果，但我们不能说工具本身不对。

投资是什么？就是交易。交易核心是什么？就是判断趋势。无论是大趋势，还是小趋势，只是有一定的规律性，就可以根据现在的情况去预测未来。投资界常说，在图线上“向左看，黄金万两，向右看，一片迷茫”（图线的左边，自然是历史的走势；右边就是未来的走势），“如果你能提前预测一分钟，就可以赢得整个华尔街”。预测是最难的事，而所谓技术分析，就是用历史交易来发现规律，从而预测未来。那么是否有效呢？取决于你用技术分析发现的规律是否有效。有些人，以为技术分析是万能的，学了简单的均线，就看书上说，5 日均线上穿 10 日均线就可以买入，还有很多的例子表明其正确性，学了 MACD 线，以为知道金叉死叉就可以大赚特赚了。这些规律有没有赚钱的可能呢，有的，但不是每次都赚钱，甚至可能很多次都不会赚钱，但长久依靠这个规律是可以，比如严格执行 5 年、10 年，一

般都可以赚钱。这就像去挖金矿，拿了把铲子，有没有可能一铲子就挖到金矿？有可能，但更多的时候是没有挖到，但如果一直挖，时间长了，肯定能挖到。但这种方式，似乎也不是我们想要的，那有没有更多的铲子呢？有。但需要挖矿的人，好好潜下心来，不断改造工具，可能有一天，把铲子改造成了一台挖掘机，那时一铲子下去，赚钱的概率就大大增加了；如果有一天，能够改造出一个矿物探测仪加大型挖掘机，那么赚钱就是必然的了。但这种变化，需要经验与努力，以及天赋，缺一不可。

那如何走上这条路呢？技术分析是千变万化的，到功力精深处，自然就“飞花摘叶皆可伤人，草木竹石均可为剑”，各种数据都可以用技术分析。但这条路怎么走？从一般的路径来说，必须要先入世，才能出世，先学多种技术指标，理解深意后，慢慢放弃指标。从简单到复杂的学习流程。

第一阶段：均线。一切从均线来开始（在各大线上图书网站，输入“均线”搜索，看看哪本买的人多，买就行了，各本书的差异不大），三个月以内完成；

第二阶段，MACD 为主，KDJ、WM、量柱等，需要学习，半年之内完成；

第三阶段，方向比较多，常见的有江恩体系、波浪理论、形态学三个方向，到这个阶段的人可以自己多看几本书，对使用方法进行比较，在实践中判断怎么用才适合自己，这个阶段，不知道需要多久，可能半年，也可能 10 年，需要悟性、努力与机遇。

很多技术分析者认为，“指标是没有用的，都是庄家用来骗散户的”，其实这句话本身就说明，对技术分析的认识还很基础。

首先，投资要赚钱，就需要预测趋势或方向的正确，当然根据要投资的时间周期，可以区分为不同级别的趋势或方向。不论是在哪个周期或级别（在技术分析时，从小到大的级别或周期，一般约定俗成地认为是 1 分钟、5 分钟、10 分钟、30 分钟、1 小时、日、周、月、季），走势基本可以分为趋势或震荡，而趋势也可分为趋势上涨与趋势下跌。多数的投资者一般选择趋势性的投资机会，如果以目前国内主要的投资渠道，以趋势上涨为唯一投资目标。所以，投资就是避免震荡，而追求趋势。可能有人会反驳，震荡也是可以投资交易的，但这个“震荡”在更小的级别上是一个趋势。例如，在股票市场中，某个股票一直在某个区间内上下震荡，但每一次的震荡，从30分钟角度看，就是一次不错的趋势了，所以，所谓做震荡走势，只是在更小的级别上的一个趋势走势。

随后，在我们定义了投资的目标就是趋势（上涨），随后就是要在市场启动之前、之时或不久，就能够预测到会有一次不错的趋势上涨。怎么进行这样的预测呢？从技术分析的本质上说，就是要寻找趋势上涨机会的充分必要条件。请注意这四个字“充分必要”。这本身是数学中的一个词汇，但非常贴切地可以形容技术分析的目标。“充分条件”是，在某个情况发生时，就一定会有上涨，即这个情况能够“充分”地保证发生上涨；而“必要条件”是，如果要上涨，就一定会有某种情况发生，即如果有上涨，那么这种情况就是“必要”的。这里面的差别是什么？“必要条件”不是“充分条件”，而“充分条件”也不是“必要条件”，这两者之间没什么关系。

举例说明，对于股票A，突然有个大机构要买入，资金也足够多，那么上涨就是肯定的，所以“大机构买入且资金足够多”就是充分条件，可以保证“股票A上涨”会发生，但这个条件不是必要的，因为还有很多其他的事件会导致股票A上涨，比如股票A的公司业绩非常好，大家一致看好未来，所以大量的投资者买入而股票A上涨，或者国家突然出了某个政策，导致股票A极端受益，股票A也会上涨（考虑国家宣布雄安新区时，例如华夏幸福之类的受益股票突然很多个涨停板）。什么是股票A上涨的必要条件呢？比如，股票A卖出的股票量比买入的股票量小，5日均线一定会走到10日均线之上，MACD会出现金叉、会出现绿柱变红柱等。因为要大幅上涨，这些情况就一定会出现，所以也被称为股票A上涨的“必要条件”。

已经强调过，“必要条件”不是“充分条件”，所以必要条件出现时，并不一定会出现趋势上涨。5日均线站在10日均线上，可能是骗散户，也可能是真的；MACD出现金叉可能短期的震荡，也可能就是趋势上涨。所以大家可能会理解了，技术分析在多数情况下，会找到“必要条件”，但并不能保证上涨的发生。而很多基本面的分析，会强调“充分条件”，即某个事件或情况发生时，应该会导致市场的上涨，例如央行降准降息、夜晚美股大涨、国家公布某些政策、社保基金准备入市、GDP增速良好、沪港通的开通，等等。当然，我们也要注意，很多所谓“充分条件”未必充分，这些事件可能在某些时候真的导致了市场的上涨，也可能在另一些时候却是市场下跌。例如，从经济逻辑上分析，央行双降（降低存款准备金率、降低基准利率）应该是利好消息，公布之后市场应该上涨，但统计了历次央行公布信息次日的市场表现，发现大约一半的次数是市场上涨了，而另一半则是下跌，这说明央行双降的信息并不能预测市场（因为，抛硬币猜市场涨跌也是一半对一半错，那么这个消息与抛硬币有什么区别？）。

那么，我们是寻找“充分条件”还是“必要条件”？哪个更容易找到呢？其实研究基本面的人与研究技术分析的人都在寻找“充分必要条件”，只是寻找的出发点不同，前者去拼命学习各种分析知识与阅读各种财经或非财经消息，从而根据新闻来预测市场趋势的变化，例如在市场低迷时，就宣称，目前的经济走势是好的，股票的估值是历史的低点，市场资金是充足的等，从而预测市场应该出现趋势上涨，在市场疯涨时，就宣称，国家的金融改革还会继续，企业的盈利水平非常好，目前的价格还会更高，当然也有反向的研究者宣称价格太高，未来会下跌的。那么研究技术分析的人，则会只专注市场的走势，学习各种前人的分析方法、结合自己的实战感觉，最终提出自己的技术分析策略。哪条路更好？说不清楚。前者是入门门槛高，且需要比较好的知识背景与体系，后者是入门容易，但后面的路非常崎岖，所以前者人少，后者人多。

为什么，我们还提倡大家要学习技术分析呢？

其一，因为有很多的技术分析规律是长期有效的，也多数是趋势发生的“必要条件”，可以根据这些必要条件，避免很多大问题。例如，在2015年6月的股市雪崩中，各种技术指标在上证指数4500左右时都发出了严重警告，如果多学习点这方面的知识，至少可以规避后面的几次股灾。各个市场历史上所有的趋势下跌，都会有各种技术分析提早预示，因为这些是必要条件，当然上涨时也是如此。

其二，培养独立思考的过程与习惯。多数银行人是不会花大量的时间去作基本面、财经面的分析，而且限于知识面与知识结构，多数人不可能作出比较好的分析与预测，结果是这些人喜欢去打听消息，朋友的消息、网上的消息、专家的言论，根据这些消息来决策投资。并不是说这些消息都不对，但靠着人云亦云是无法让投资能力成长的，靠着别人也是无法成长的。但想要甩开拐杖自己走，基本面之路要更迷茫一些，所以从技术分析的学习入手，更适应银行的理财人员们，并且慢慢能养成自己思考的习惯，让投资能够明明白白的对与错，就有了不断成长与提高的阶梯。

其三，专业能力提升的良好途径。银行理财服务能力是由多方面组成的，而专业能力是各银行相互竞争的核心能力，如果核心能力中缺少了一块技术分析，也是非常不完整的。同时，技术分析的学习过程，就是对市场了解的过程，不断地学习与尝试让银行人更能体会市场的脉动与规律。只有自己经历的，也只有经历后体验的，才是自己的，才是记忆最深刻的，也是提升最快的方式。

最后一段，留给已经有一定技术分析基础的读者。技术分析的汪洋大海中，找到的规律与方法，基本都是“必要条件”，还没有发现什么情况是“充分条件”，即没有看到所谓发现某情况就一定会大幅上涨的，所以技术分析者就是在一大堆“必要条件”中去寻找那些近似于“充分”的条件。例如，5 日均线上穿 10 日均线，是趋势上涨的必要条件，但大部分这种情况发生时，后面并不是趋势上涨，也可能是大幅下跌或震荡，那么我们就看看在 5 日均线上穿 10 日均线时，量柱有什么变化、之前的走势有什么不同、MACD 的红绿柱有什么特征等，用其他的指标来帮助剔除掉尽量多的假情况。所以，技术分析到后期，基本都会用几种指标共用，来判断未来的趋势，但这种“共用”，一定要取长补短，要明白每种指标背后的意义是什么，可以反映市场什么方面的信息，几种指标之间有没有互补性，如果反映的信息是相似的，就没有组合起来的效果了。因此，技术分析先学习不同的指标，慢慢走出指标，理解每种指标反映的市场状态，最后把这个市场信息状态组合起来，得到最终的预测答案。但愿大家早点进入这种更高层次的学习阶段与状态，不要在指标学习的泥潭中无法自拔。

第6章　调整资产配置比例的规则三：广泛研究基金产品，判断更优质的基金

基金产品的丰富程度已经非常高，不但能够覆盖所有的大类资产，而且持续金融创新也在创造出越来越多有特殊作用的基金，例如对冲类基金、打新基金、FOF，等等。基金的产品体系已经非常的庞大，其中也隐藏着诸多的金矿与陷阱，需要银行人能够真正深入地进行研究与分析，找到真正优质的产品。

基金产品的研究可以分为深度与广度。深度代表着对于产品结构、适应市场、表现预期、适应投资人群，等等，对产品的充分理解，能够在不同的客户与不同的市场条件，给出产品表现的基本预期，能够给客户提供更好的产品选择，例如，挑选出更优秀的开放式基金等。广度代表着对基金产品类型、特色基金、特殊基金的快速认知，能发现在这些创新基金中的阶段性优势，甚至获得市场的超额利润，例如2013–2014年时，随着打新股政策的变化与上市盈率的要求，使得打新基金拥有了超越市场大部分基金的优势——类似债基的风险，却有股权基金收益的怪胎。当时笔者在很多场合建议银行基金营销人员大量销售打新基金，甚至可以建议将购买理财的保守客户购买此类基金，但之后由于打新概率越来越低且打新要求有股票持仓，这类基金的优势消失；2014–2015年时，增发是市场的新热点，由于增发的监管规则还不严，上市公司为了增发而大量让利的情况经常发生，且市场也在不断上涨，这类基金成为低风险高收益的爆发点，后来也是因为增发新规的

出现，增发项目获批减少，这类基金的优势消失。找到一个市场的盲点，就是一次非常不错的机会，抢在市场发现之前，就有一段时间的超额利润可以轻松获得。

基金产品的研究中，应该注意逻辑研究与数据研究的结合，特别是深度研究中，分析一种或一类基金的表现，除了逻辑上要清晰外，数据上一定要有分析结果支撑，否则容易陷入空谈。例如，研究问题“定开类基金，是不是基金在市场波动时，不易受到大额赎回的影响，使得基金经理能够心无旁骛的操作，所以定开类基金的业绩应该比开放式基金的业绩更加稳定”？从逻辑上分析，定开类基金确实由于平时不能自由赎回，使得基金经理有更大的自由度与空间进行操作，也可能对业绩是正面、积极的影响，但这个结论是否正确，还要有数据的确认。如何确认？很简单，比较一个同类型定开类基金与开放式基金在较长时间内的平均业绩就可以了。如果股权型定开类基金的数量较少，可以利用封闭式基金的业绩与开放式基金业绩进行比较，同样可以让结论得到验证（封闭式基金是没有开放时间的，一旦完成基金设立，就不能赎回，只能将基金份额转卖给他人，而且封闭式基金的成立时间很早，数据量非常丰富）。

在资产配置中，能够选到更优质的基金，会使得客户获得超越市场的平均收益，从而让资产配置的整体收益得到提升，从另一个侧面完成了资产配置的改进。

part 06

第六篇 基金定投是最好的开始与持续

在很多银行基金业务的管理者眼中，基金定投都会作为增加基金基础客户的手段与方法，用小额度的定投让更多没有接触过基金的客户能够打下基础，扩展基金业务基础客户，同时增加客户黏性、提升客户活跃度等。很多银行也在近10年中，一轮又一轮地进行基金定投业务的推动，虽然取得了很多阶段性成果，但随着运动的过去，基金定投业务也慢慢归于平静，整体零售业务也没有随着基金定投运动而有所变化。逐渐地，越来越多的银行认为基金定投只是基金业务突围中的一种方式，实践证明也没有什么神奇的，渐渐地越来越不被管理层所重视。

其实，我们认为基金定投依然是目前银行基金业务全面发展最好的方式，只是之前的运动式发展在业务发展逻辑中少了一环——客户的反馈。在本书第一篇，关于银行业务的发展路径中指出，只有让银行业务能够形成闭环，才能出现螺旋上升的业务发展良好态势，而要完成基金业务的闭环，必须有客户反馈周期与客户反馈效果这两个不可缺失的部分，而让基金业务要有尽量短的业务周期与尽量好的业务效果，必须进行基金业务的长期售后管理。没有基金售后管理，基金业务将不可能出现良好发展态势。

而之前多数银行的基金定投运动式发展，正是因为没有进行正常的基金售后管理与服务，造成基金定投运动效果渐微的结果。如果能够对这些曾经办理过基金定投业务的客户进行简单的后续管理，那么基金的基础客户、客户的黏度与忠诚度、员工对基金业务的恐惧态度都不可能是现在的情况。

本篇章将基金定投重要性提升到最高的位置，因为它是现阶段多数银行大规模发展基金业务的核心方法与最有效的方法，也是业务推动阻碍最少、速度最快、业务效果最持久的方法，更是推进银行整体基金业务最根本的方法。

第 1 章　基金定投业务中的常见误解

银行基金定投业务，多数可以描述为 100–500 元不等的每月投入，一般要求客户定投持续数年以上。有极少部分的基金定投业务是月定投达到数万以上，或是因为进行阶段性补仓，用一段时间的大额定投。绝大部分的基金定投都带有“数额小、时间长”的标签。

其实这两个标签只是基金定投运用中的一种方式，并不意味着定投必须是“数额小、时间长”。定投作为基金投资的一种手段与方式，在银行基金业务发展的过程中，应该先理清这些概念的误解，才能充分发挥出基金定投业务的威力。

1. 误解 1：基金定投是否只能“小数额”

定投是否有额度的限制？多数基金会设定定投的上限，一般是 2 万 –10 万元不等，如果想做更大额度的定投，只需要多定投几个基金即可解决。在绝大部分情况下，定投的额度限制都不可能成为定投的障碍。

但在银行基层网点的定投业务开展中，极少能出现月定投万元以上的单子，究其原因，是基层网点员工的思想意识问题。其一，过去的定投培训与实践中，基本把基金定投的资金来源限制在工资的一部分，基金定投的作用圈定在攒钱。所以怕客户的收入不高、花费较大，过多的定投会影响生活。其实定投只是基金投资的一种方式，把一次基金的投资分散为很多次投入的方式，那么如果客户准备投入基金 100 万，可否担心目前不是市场低点而用定投的方式投入？如果分为 12 个月投入，那么月定投就是 8.33 万元。其二，过低估计了客户的收入情况，低估了可用于定投的金额，害怕客户未来无法承受。随着社会发展，家庭财富增长，个人可支配的收入不断上升，客户的月定投能力是逐渐变高的；同时，基金定投也不像期交保险产品，中间停止定投也不会有太大的问题，不必为客户断了定投而担心。

2. 误解 2：基金定投是否必须是“时间长”

从定投的设计上考虑，定投是随时可以结束、随时可以赎回的，没有任何的规定与限制要求基金定投必须几年甚至十几年。但多数银行员工在接受基金定投的培训与教育时，都会被告知“定投是长期的投资”“每月定投 800 元，假设年化收益率 10%，25 年后就可以得到 100 万”。在长期的宣传与实践中，在不断听到周围人对于定投的意识与投资方式后，至少在脑中会留下一个深刻的印象——定投应该长期，至少也不能低于 3–5 年吧？

其实，这是一种对定投业务的思想桎梏，定投使用的目的不同，时间长度完全不同。

目的一：长期积累财富

如果利用基金定投，能够长期操作，并在遥远的未来积攒一笔可观财富，那么就应该设定一个更大的目标，而不是仅仅 100 万。在 2000 年左右，百万富翁是财富与富有的代名词，但在今天，很多家庭去除固定资产后的金融资产也远远不止 100 万；现在的银行人概念中，1000 万以上是高净值客户，可能在 15–20 年之后，1000 万元的金融资产也仅仅只是比较不错罢了。那么 25 年后的 100 万是什么概念呢？按照 15 年财富增长 10 倍的速度（年化 16.59% 的增速，与 M2 的增速基本吻合），可能相当于现在的 2.15 万（100 万 /（1+16.59%）^25=2.15 万）吧。这些资金对家庭财富的总量能有什么影响呢？仅仅是锦上添花、聊胜于无罢了。

那么长期定投的目的应该设定在多少呢？对于一般家庭，建议至少把目标设定在 1000 万。那么每月的定投需要 8000 元，在假设年化收益率 10% 的情况下，25 年后可以达到 1000 万。当然，这个“假设的”年化收益率也可能有偏差，但要达到“用定投积累较大财富”的目标，每月只是几百元的投入是不可能的，至少也要接近 1 万元。因此，让客户参与数百元或千元的长期定投，不可能是攒大钱。

目的二：让客户体验基金投资

基金定投可以平摊风险，确实比直接基金投资的风险要小得多，作为客户初入投资的门槛体验是非常好的业务。如果把基金定投业务的目标确定在“让客户体验基金投资”，是抱着“试试看”的心态参与投资，那么这个“体验”有没有结束的时间，什么时机结束最好？

结束体验的标准就是“客户体验良好”时，即客户定投赚钱时。只要是赚钱的时候，体验都不会差，但赚多少钱合适？人的欲望无穷，收益自然是越高越好，但我们也要考虑到体验周期不能太长，否则客户会有遗忘效应，也影响银行其他业务的继续营销，因此建议定投在进行 3 次以上时，收益率达到 5% 就可以止盈结束。定投进行 3 次以上，一方面是从银行业务的要求出发，另一方面是让客户有定投操作的体验感；而收益率在去除手续费后依然有 5%，是非常不错的。当然，我们要考虑定投的时间，一般到达收益率 5%，是 6–8 个月为主，部分情况会延长至 10 个月，而最长的定投时间也就 18 个月（在 2007 年 10 月的历史大顶处开始定投），因此定投的收益率将远高于理财产品。并且定投不是将所有资金一次性在最开始投入，而是一次一次地分批投入，从资金利用时间的角度，只是一次性基金买入的一半时间，因此定投的资金回报率还要更高，因此 5% 的收益率已经非常对得起客户了。

所以，基金定投的时间长短是取决于目的，如果要长期投资从而获得巨大的利润回报，则需要足够的月定投金额，如果是希望客户通过小额定投体验感受基金投资，那么就应该尽快及时的止盈。

第2章　基金定投业务的正确“打开方式”

基金定投的不断推进，从银行的角度看，是大量基金基础客户培养的过程；从客户自身的角度看，是股权投资能力不断上升、投资盈利能力不断提高的过程。

对银行员工：对于不同专业能力的营销人员，对于不同客户维护能力的营销人员，对于不同岗位的营销人员，基金定投都是投资类产品最好的起步与持续方式。

对银行客户：对于不同财富层次的客户，对于不同投资经验与能力的客户，对于不同的财富增值预期的客户，基金定投都能给出更加确定、更加完美的执行方案。

基金定投在银行整体基金业务发展中，具有极大的重要性与地位，是关系到基金业务能否形成稳定增长、繁荣增长业务态势的基石。下面将介绍两种基金定投的全流程构建与管理，分别对不同投资经理与财富层级的客户进行长期的基金业务引导。

1. 养成型基金定投全流程

面对客户：对非保本型产品比较排斥，对基金没有概念或比较排斥。

方法与流程：从小额定投（月定投300–500元）开始，在一轮定投结束后，增加定投金额，最终形成较大额度的定投投资习惯。

很多银行在漫长的十数年基金业务推进过程中，已经无数次地开展过小额基金定投业务。但这些业务活动的逻辑与目标是，“让更多的客户熟悉基金产品，并能提升客户的银行服务体验，增加客户的产品覆盖度与银行黏性”。这个目标是非常正确的，但实际过程中，效果并不是很理想，因为很多客户在基金定投赚钱时，一直持有并坚持定投，一旦出现数个月的亏损，就停止了定投或干脆认亏赎回，在这种情况中，不但客户没有良好的体验，反而会责怪银行推荐了这样的产品。出现负面情况的主要原因是，**对于小额定投的流程与目标不明确，且全流程管理的机制缺乏。**

上一章中提到，小额定投的目的是让客户对基金有良好的体验，并能为未来的进一步基金投资提供客户的认知基础，而不是“坚持十数年”而获得一笔大收益。因此，银行的目的应该是通过多次的定投周期性操作管理，将客户“养成”有基金投资习惯的理财客户。

那么，如何将一个对基金或非保本型产品比较排斥的客户，培养成成熟的理财客户呢？完整步骤如下：

第一步：说服客户进行一个小额的基金定投（月定投300–500元，发达地区可以酌情增加）。

第二步：记录并管理基金定投，当客户的投资收益率5%以上（扣除手续费后），通知客户并让客户赎回（面见或网银、手机银行）。

第三步：一小段时间后，邀约客户面见，并说服客户重新开始定投，同时将定投金额增大至1000元以上（一般是原金额的2倍以上）。

第四步：重复第二步与第三步，让客户的定投金额不断扩大，在一次次定投中体验基金的波澜起伏与酸甜苦辣，成为有基金投资习惯的理财客户。

以上执行操作步骤中，第一步是银行基金定投业务推动中的标准动作，而第二步是基金定投的售后管理流程，第三步是第一步的全新重复，是在客户有过一次盈利体验之后的进一步投资升级。那么，整个过程难度大吗？有基金业务经验的银行营销人员基本都不会觉得困难。因为，在第一次投资有较好的收益后，非常容易能够接受第二次基金定投的建议，同时由于前一次的收益，从心理上也愿意加大投入的资金数量，所以第三步是非常容易完成的。

计划可以如此制定，那么实际情况能否执行呢？

案例：一位银行人员询问，如果一个客户月定投300元，3个月定投达到了 3%（去掉手续费），一共才收益 $300\times3\times3\%=27$ 元，这点收益就让客户赎回吗？

答案：是的！而且必须赎回。收益少，并不是因为收益率不高，只是因为投入太少，而我们做小额定投的目的只是让客户体验、感受，那么一次完整的基金定投交易感受，比一直漫无目的的坚持定投要更好。

经过几次的基金定投管理之后，客户的基金投资经验、对基金的信心、愿意投资的金额都会大大增加，真正起到了让客户“养成”的目标。

2. 高端客户大额资金的投资过程

在本书第二篇中，银行基金业务的八字功法是适合不同财富层级的投资客户，但是对于多数的银行营销人员而言，在初级阶段应当尽量减少单个客户的基金投入金额，在八字功法逐渐纯熟之后，可以进一步发展高净值客户进行波动式的基金交易。

在真实银行业的营销人员中，能够达到这一步的人是凤毛麟角，但很多高净值客户本来是有基金投资需求的，如果一线营销人员无法给出良好的投资建议，依然是颇为可惜。这样就变成了非常纠结的问题，一方面，高净值客户的投资需求可以带来大量的业绩与收入，另一方面，由于自己的专业能力还不够，如果基金投资建议失败，很可能会引发自己不愿意接受的后果。那么有没有，即能够降低基金投资的风险，又能够有一定的收益呢？可以考虑基金定投来完成。

八字功法是要求一线营销人员能够有一定的市场判断能力与较好的客户掌握能力，对于有较大投资需求的客户，还没有足够的信心进行单笔的投入，那么可以在较为合适的时机进行密集的定投。当然，在不同的走势情况下，定投的策略要有所不同。

策略一：在震荡市场的上涨趋势中，可以根据离本次趋势启动的低点计算，涨幅不超过 10% 的，可以先买入三分之一，用周定投或日定投在 3 个月内加仓到七成以上；如果涨幅超过 10%，则考虑稍做投入，有小额收益就离场。

策略二：在震荡市场的维持或下跌趋势中，可以根据离本次趋势启动高点的时间与距离进行估计，如果已经有 10% 以上的指数跌幅，则考虑周定投或日定投在 3–6 个月内加仓到八成以上；如果整体跌幅较小，则考虑周定投或日定投在 6–12 个月内加仓到八成以上。

策略三：在熊市中，考虑用周定投或日定投 6–12 月内完成总投资金额的八成以上。

策略四：在牛市中，则不用考虑定投，直接投入，只是越往上，投入的总金额越小。

以上的各种策略中，有两个基本要素是一致的，其一，根据投资时间与本轮趋势中起点的时间与涨幅的距离确定初始投入的金额与定投的时间期限，让投资更加稳健；其二，基本不用满客户的投资总金额，留部分金额作为特殊情况的预备队。以上四种策略，均为在投资策略层面利用定投的特性，实现客户的投资需求满足与风险把控能力提升。

3. 如何引导大额的基金定投

对于不愿意短期操作的投资客户而言，定投本身就是一种非常好的投资手段与方式，但很多银行营销人员在定投的销售中，习惯性地把基金定投的投资数额定义得很小，经常性地开口就是“300、500”，将定投的作用大大缩小了，其实 3 万、5 万，甚至 30 万、50 万也是一样可以定投的（每个基金有定投上限，但可以分散到足够多的基金上）。那么怎么样才能引导客户进行较大规模的定投呢?

我们不需要去劝客户投入多少资金进行基金定投，而是询问客户，需要在下一轮牛市中想要有多少万的收益或利润。如果客户一开始就将目标订得很高，例如 100 万以上，那么我们就顺着客户的目标，一步步推演出每月的定投金额；如果客户的目标很低，例如 10 万或 20 万，我们也可以用话术告诉客户“8 年一轮的牛市，就只赚 20 万，会不会太少了点？”，放大客户的目标与心态。但在引导过程中，我们要心中牢记目标与定投金额的对应关系，100 万大约对应月定投 1.5 万，50 万对应月定投 7500 元，依此类推（具体计算过程参见本篇第 6 章）。一般用这样的引导路径与相应话术，出现月定投 1 万，是一件非常轻松而简单的事情。而客户的层次越高，月定投的资金也越高，在私人银行客户中，经常可以见到月定投 15 万 -30 万的情况，而业内也多次出现月定投 100 万的客户。不要小看客户的实力，只要引导的方式正确，大额定投比小额定投还容易出现。

学会引导客户后，银行基金营销人员还要注意自己的心境培养，不要被客户的定投金额吓住了。

案例：曾经有一位银行网点的理财经理在成功引导客户后，客户主动提出月定投 1 万，但这位理财经理最终劝阻了客户，只让客户做了每月 500 元的定投，并询问笔者，是否可以从小额定投开始培养客户的投资经验。

点评 其一，这种行为是“资敌”，因为客户已经接受了定投的理念与方式，而客户的资产量也足够成为其他银行的 VIP 客户，如果其他银行的理财经理也介绍了基金定投，客户很可能在其他银行就做了此项业务，结果是自己铺垫了一切，而胜利果实却被别人摘走了；其二，不要用自己的收入来衡量客户，可能很多银行营销人员的收入是远低于客户，毕竟理财经理的职业就是服务中高净值客户，而客户能够提出或接受月定投 1 万元，说明客户已经仔细思考后认为这样的投资金额是完全在承受范围内，那么就不要因为自己认识的局限而限制了客户。

所以，大额定投的金额是没有上限的，而很多高端客户可能在牛市中一次买股票就几千万，如果用定投的方式投资这些资金，再高的月定投数字也不用奇怪，服务高端客户，自然要让自己的心境也匹配高端客户。

从基金业务的长期发展而言，八字功法所代表的波段式操作，更适合一部分具有较强专业能力与投资能力的银行营销人员进行实践，而基金定投则具有极强的普适效果，几乎可以适合任何具有基金销售资格的银行营销人员。从银行基金业务的长期稳定发展而言，基金定投更是一种固本的业务，因为波段式的基金销售，不努力就没有结果，而基金定投则不然，只要保持正常的管理频率，就可以源源不断地为银行创造收入。因此，基金定投对于银行基金业务发展的重要性，还要重新评估与确定，在科学管理下的基金定投会爆发出不可思议的力量。

当然，建立完整、科学的基金定投管理体系与工作机制是整体基金定投战略的核心问题。在本章节中提出的第一种基金定投发展模式，依然需要有两个条件的支撑，即大量客户的定投管理能力与基金定投收益达到的时间跨度。如果不能高效、省时地完成数百个基金定投客户的管理，也不可能将基金定投的作用扩大；如果基金定投收益目标的达到时间需要很久，则这种发展模式就无法实现基金业务的快速突破。后续的章节，将具体解决以上两个问题。

第3章 基金定投发展模式的两个支撑条件

作为银行基层网点稳定基金收入的来源，基金定投的客户群体必须颇为庞大，同时一次定投的完整周期不能太长。这两个条件都是将基金定投作为网点基金业务发展的必要条件，那么这两个条件是否都能做到呢？

1. 运用软件进行基金定投客户的批量管理

基金定投的收益计算比较复杂，成本不容易随时追踪，如果客户的定投时间不同、定投方式不同、定投对象不同，依靠人工进行管理，已经成为不可能之事。因此，要将大量的基金定投客户进行长期管理，必须采用软件。部分银行的客户管理系统（CRM）有基金的收益预警功能，但主要是以单个基金为追踪单位，无法具体到每个客户的情况，而且预警功能也比较单一。未来的银行客户管理系统肯定会加入此类的产品提醒功能，只是客户管理系统的升级换代比较慢，我们也不可能等待系统完善之后再开展业务，所以唯今之计，可以在注意保护客户信息的前提下，使用第三方软件进行管理。

在软件市场中，此类APP软件是常见的，这里推荐使用智慧理财师APP，里面的“基金管理”功能就是针对此类情况。可以输入客户的名称代号、购买基金的信息、收益预警、事件预警等，功能比较完善。

客户信息的保密：在使用过程中，注意客户信息的保密，“客户名称”不要输入真实姓名，可以以各种代号或称呼替代，同时基金的购买金额可以不用填写真实数字，因为输入“100元”与输入“100万元”，收益预警的效果是一样，并不影响软件的使用。

信息技术的使用，以及与营销人员的结合，将是技术发展的方向，也是效率提升的快速路径，学会使用此种方法，将原来繁重而不可能完成的工作变得简单而愉快。先使用高效管理方法的人或银行，自然会获得更多的竞争优势。

2. 基金定投的周期

如果以单次基金定投收益 5% 计算，那么大约多久可以止盈结束？当然，基金定投是绝不止损的，无论什么样的跌幅都会一直坚持到底，直到有 5% 的收益结束。那么 5% 会不会太低？如果市场走势不是极端地一路向下（例如 2007 年 10 月之后一年的下跌，或 2015 年 6 月之后 7 个月的下跌），那么一般 6–8 个月可以达到目标收益，但如果是极端走势，可能要一年以上，最长的时间为 17 个月。可能从年化收益率的角度看，17 个月只赚 5%，确实有点低，但是在经历了整个熊市暴跌后，别人还亏损 40% 以上，自己已经盈利 5% 了，应该值得庆幸了。

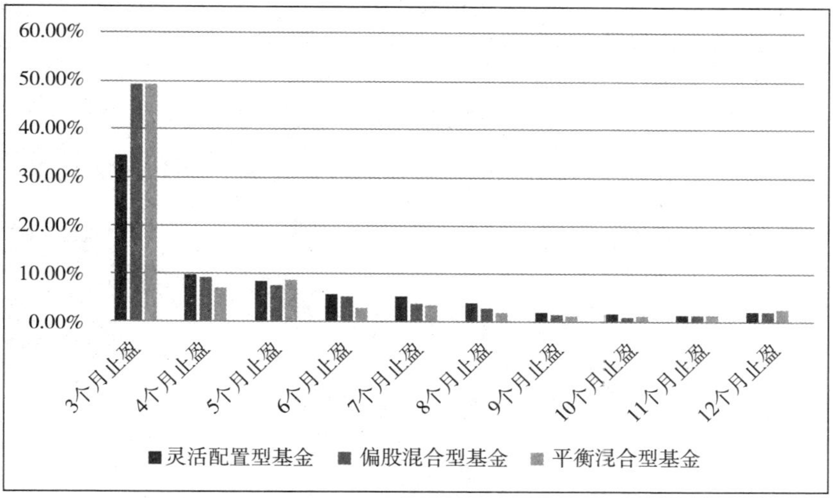

图 6–1　各类混合型基金的止盈时间分布

我们测试了从 2002 年 1 月 1 日至 2018 年 3 月 31 日为止，不同的混合型基金与股票型基金一轮基金定投所需要的时间，并且以月定投为定投方式，且定投次数必须为 3 次以上。如图中所示，无论是混合型基金还是股票型基金，一轮基金定投的周期大约有 40% 以上的概率在 3 个月就能结束，而多数基金定投的周期集中在 8 个月以内。

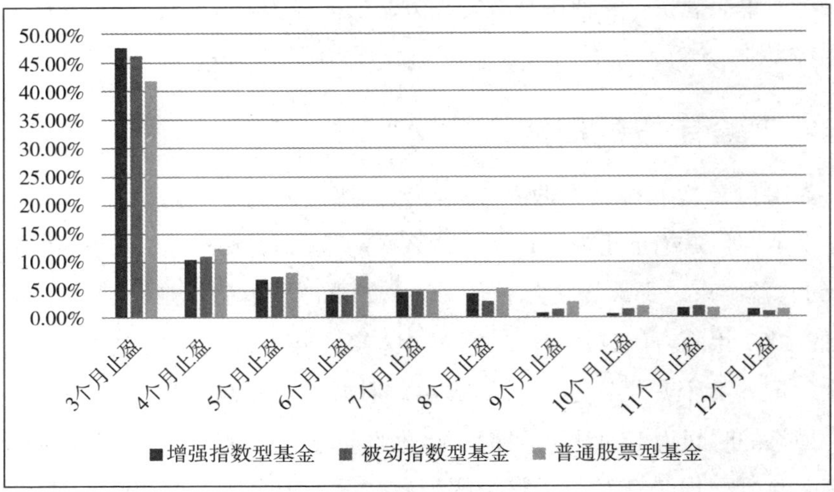

图 6-2 各类股票型基金的止盈时间分布

而需要 10 个月以上才能结束的概率在 20% 左右，即只有五分之一的概率基金定投的周期较长。

表 6-1 各类股权型基金的定投超长时间概率

	灵活配置型基金	偏股混合型基金	平衡混合型基金	增强指数型基金	被动指数型基金	普通股票型基金
定投时间超过 10 个月	26.29%	18.13%	22.31%	19.14%	20.29%	14.66%

所以，只要不是特别差的市场情况，一年时间可以有两轮的基金定投运作。快速建立起基金定投客户的时间并没有那么长。

第4章 基金定投为什么可以大概率赚钱?

经过了这么多年的思想灌输，基金定投的各种优势与好处，已经被多数银行基金营销人员所熟记了。

小额投资，起步门槛低；

懒人投资，不必关心市场涨跌；

分散投资，平摊市场风险；

家庭攒钱，不知不觉攒下一笔可观财富；

复利收益，长期收益可观……

除此之外，类似“微笑曲线”“上涨赚钱下跌赚份额”的宣传方式也是让人很心动。

在很多场合询问大家是否在基金上整体盈利时，只有极少数人答应，而且一般也都是有特殊的原因，比如正好家里要用钱就及时在牛市中投身；但问起长期基金定投的人中有多少是盈利，却是大部分。为什么同样是这些基金，在定投这个方式下就可以大概率盈利，而在一次性购买时，却大概率亏损呢？这是由定投本身的方式与市场的基本走势决定的。

有数据测算，定投5年以上，赚钱的概率是99%。当然，这个数据要在一定的限制条件下，比如大部分基金可以做到，但少部分长期表现不佳的基金不行，比如经济环境市场环境要支持股市长期上涨的趋势。

定投本身只是一种投资的方式，本不是特别的产品，但就是这样的方式，可以让很多人亏损的基金，变成了大概率赚钱的基金定投，这中间的原因是什么？是不是在前文提到的那些基金定投优势呢？是，但不深入。

1. 基金定投大概率赚钱的理论基础

要回答“为什么会大概率赚钱”，我们先讨论一下，如何才能在投资中赚钱？答案很多，但如果是只能在做多的市场规则下，“低买高卖”应该是唯一的法门了。可惜，什么时候才算是“低”，什么时候才算是“高”，是投资界最难回答的问题之一。而定投，却帮我们回答了一半。哪一半？“低买”！

用定投方式购买的基金，能够获得非常低的成本，这是定投能够大概率赚钱的基础。下跌时，同样的钱购买的基金份额更多，上涨时，同样的钱购买的基金份额却少，那么每份基金份额的成本就下降得快；市场在底部徘徊的时间越久，则低价的基金份额越来越多，每份基金份额的成本就越低；而中国的股市，一直以来的运行规律就是“牛短熊长”，漫漫熊途之后是短暂暴发的疯牛，所以多数时间是在熊市低迷的情况下，那么基金定投买入的基金份额成本也低。当基金的成本低时，只要市场轻轻一次拉起，就能让基金整体赚钱了。以上种种的因素造成了，长期定投确实能够大概率赚钱的神奇。

那么，是不是只要用定投的方式，基金就能够赚钱呢？也不是。就像“微笑曲线”那样，如果曲线的右侧不向上，那么就是要亏损的。无论有多少的基金份额，如果基金的净值是长期向下的，那么就是要亏损的。所以，并不是所有的基金都能够用长期定投来赚钱，必须要选到那些净值长期是向上的基金。幸运的是，绝大多数基金，长期的净值是上升的，而中国 A 股的长期趋势也是上升的。

2. 基金定投就是寻找微笑曲线

基金定投是一种防守反击，而基金直买是一种全攻策略。任何市场的走势可以分为四种大方向，永远向上、上涨下跌、下跌上涨、长期下跌，严格而言基金直买适合第一种与第二种的前半段，而基金定投则最适合第三种下跌后上涨。但基金定投只会在第 4 种情况下亏损，而基金直买则只有在第一种情况下赚钱，所以基金定投的市场适应度是最高的。

是否有投资品会长期下跌呢？部分基金有可能出现，但对于整体市场而言，这种情况几乎不会出现，因为经济在发展、社会在进步、企业在成长，股票市场就不可能长期下跌。从长期来看，只要大趋势向上，所有的下跌都是微笑曲线的前半段。

我们以上证指数为例，如图 6-3 所示，从 1990 年 12 月创立至 2018 年 3 月，时间跨度大的微笑曲线有 8 个，而目前是第 9 个的前半段，平均每个微笑曲线是 3-4 年。

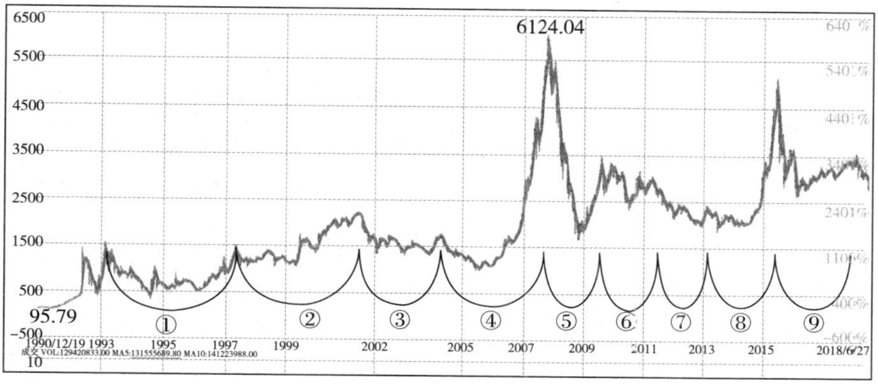

图 6-3　1990 年 12 月 -2018 年 3 月的微笑曲线

如果将定投的频率增加到周定投或日定投，则可以参考短期的走势。比如将上证指数从 2015 年 6 月 12 日创出上一轮牛市最高点的那天作为起点，则可以数出 10 个已经完成的微笑曲线，目前正在形成第 11 个。虽然每个微笑曲线的右侧高度不同，但无一例外地会有收益，如果只要不贪与不惧，则微笑曲线就会带领你走出市场的涨跌。

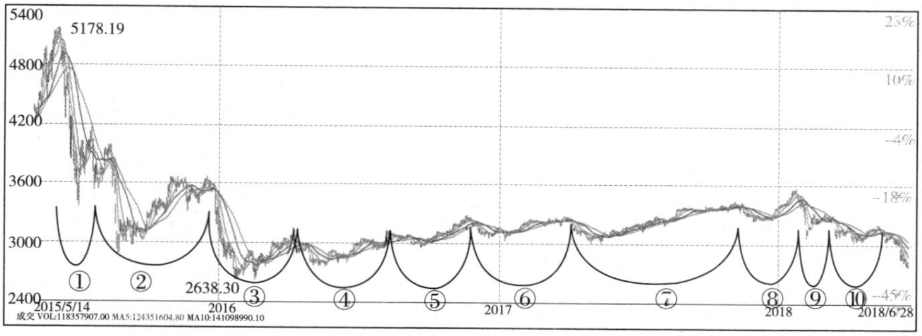

图 6-4　2015 年 6 月 -2018 年 3 月的微笑曲线

第 5 章　基金定投的基金筛选

定投“大概率赚钱”还是不够的。有些人定投了三年，收益为正，但也没赚多少，这时可能依然是亏损的。为什么？因为资金都是有时间成本的，定投的收益至少应该比做理财产品的收益高才行。所以，定投不但要大概率赚钱，还要收益可观才行。

那么，什么样的基金更适应用定投的方式投资呢？**两个条件：波动大、长期涨幅高。**净值稳定向上的基金，更适应直接买入并持有，净值波动大的基金可以用定投平抑风险与波动，同时定投的成本也会更低（下跌时买入的份额多）；长期涨幅大，才能让定投的收益高，所以必须选长期业绩优异的基金。这样的基本原则是很容易理解的，但如果实际地去确定某个基金是否合适定投或选择更合适的基金呢？

1. 从基金类型的角度看，哪些基金更适合定投？

基金的一般分类中，主要的类型有普通股票型基金（不含指数型）、指数型基金、偏股型混合基金、偏债型混合基金、平衡型混合基金、灵活配置型基金、债券型基金（一级债 / 二级债）、QDII、货币型基金，等等。如果依照上文中提到的两个条件（波动大、长期涨幅高）来筛选，符合波动大的条件，只有普通股票型基金（不含指数型）、指数型基金、偏股型混合基金、平衡型混合基金、灵活配置型基金、部分 QDII，其他基金的波动性不大。但这些基金中，也要再次挑选有更高概率可以长期上涨的基金。

这些波动大的基金也可以分为主动管理型基金与被动管理型基金进行分析。前文描述过，主动管理型基金主要依靠基金经理的个人能力，与哪种类型的基金并没有太大的关系，所以依然要运用针对基金经理的分析方法进行解析，找出长期盈利能力高者，并且这类方法在前文已经详述，这里不再重复。

被动管理型基金主要依靠指数制订时的思路是否能够长期有效，一般有三类指数可以选择，大盘指数、中小创指数、行业指数。其中，行业指数需要投资者对于该行业的未来发展有深入的了解与准确的判断，难度相对较高，而且受政策与科技发展的影响很大，长期趋势很难把握，所以，如果对自身的行业研究能力没有太强自信，不建议选择此类基金。大盘指数与中小创指数应该选择哪个呢？无论是从股市的逻辑还是长期走势的表现考虑，都建议选择中小创类指数。股票的长期上涨是必须要企业快速成长作为支撑的，短期内可能因为政策影响或资金炒作而狂飙猛涨，但疯狂过后一般是一地鸡毛与哀鸿遍野。大盘股与中小创，谁的成长空间大呢？毫无疑问是中小创。对于中小创类企业，可能一张大的订单就会使得公司成长一倍，但那些已经是巨无霸的企业，要使得规模扩大一倍，就显得非常困难了。当然，中小创企业本身的风险也更大，所以我们应该选择关于中小创的成份指数。成份指数是指“通过科学客观的方法挑选出最具代表性的样本股票”按照一定权重方法组成的指数。注意其中的词“挑选”，一般挑选的规则与条件中，

图 6–5　上证指数与深证综指的涨幅对比

都会含有流动性指标（成交额）、业绩指标（企业业绩优异）两类，所以会把那些劣质亏损企业剔除出去，就不用担心会踩到业绩炸弹了。哪些中小创指数可以选择呢？中证 500、创业板 EFT 链接是不错的选择。

数据分析的结果也是支持这种逻辑与结论的。

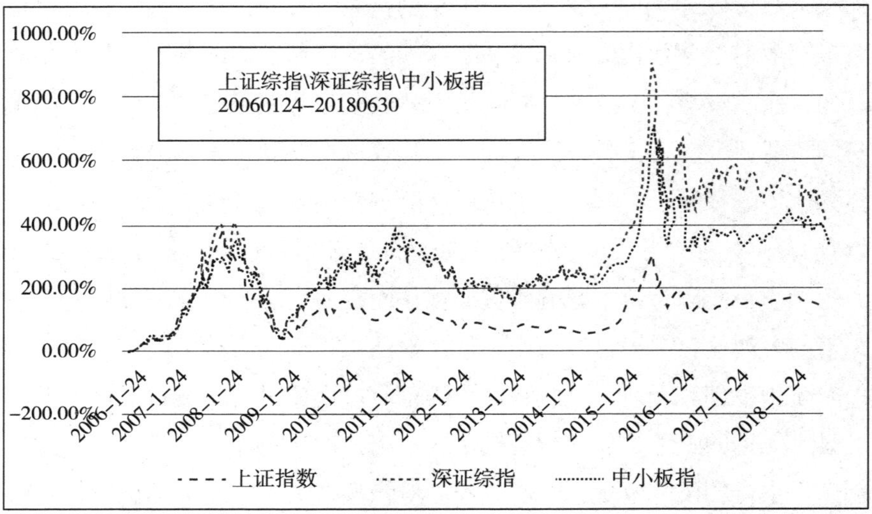

图 6-6　上证指数、深证综指、中小板综指的涨幅对比

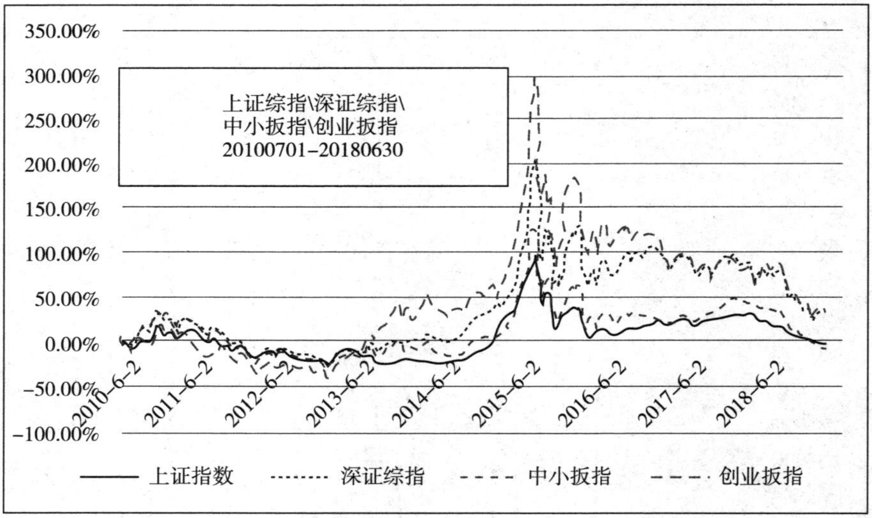

图 6-7　上证指数、深证综指、中小板综指、创业板指的涨幅对比

从不同的时间起点来观察，中小板、创业板的整体涨幅都是远远超过上证综指的。

2. 定投多少只基金合适？如何分配？

长期定投多少只基金合适，这个问题没有确切的答案，但却有分析的路径。定投 1 只基金与定投 10 只基金有什么差别？定投 1 只基金，可能会选择到很好的基金，也有可能会选择到很差的基金，但如果是定投 10 只基金，那么一定会有好的基金被选中，也会有差的基金被选中，但从整体而言，收益就比较平均，所以定投的基金数量越多，最终的收益就会更平均、更趋向于基金定投的平均收益。

定投的基金数量有上限吗？笔者曾经见过定投超过 30 只的投资者，每个定投也都非常认真的执行，且时间较长，所以定投的数量并无上限。那么什么因素会限制基金定投的数量呢？监控的难度。基金数量太多，就算查看的频率不高，也会搞不清每只基金的情况。而且，用于定投的基金数量超过 10 只时，只要基金的选择较为分散，则数量再多，也无法让收益更稳定了，因此一般的基金定投是不会超过 10 个的，**而普通投资者选择 3–5 只基金定投，**就足够了。如果投资的资金数量较大，则可以适当突破数量的限制。例如，一个月定投 10 万，可以选择每个基金定投 1 万元，共 10 只基金；但资金再多，也用超过 10 只基金，即使一个月定投 100 万，也可以只定投 10 只基金（当然，要符合基金定投的上限要求）。

定投的基金如何选择分配呢？下面以 3–5 只基金作为定投数量，给出建议。如果定投 3 只基金，则建议 1 只为指数型基金，2 只为主动管理型基金；如果定投 5 只基金，则建议 2 只为指数型基金，3 只为主动管理型基金。2 只指数型基金，建议选择中证 500、创业板 EFT 链接（很多基金公司都有这类基金，差别不大，都可以选择），而另 3 只主动管理型基金，则可以根据波动大且长期涨幅大的要求来选择。

3. 定投的基金需要经常替换吗？

一般作为定投的基金是不用替换的，特别是指数型基金，可以一直不换，但主动管理型基金则在某些情况下，也是要做调整的。

第一种情况，基金经理更换，则必须调换基金。基金经理是基金表现的核心因素，如果原来较优秀的基金经理离开了，则未来基金的表现堪忧，这时更换基金是必要的。当然，不要每天都盯着基金经理是否更换了，一般每周查看一次就足够了，因为即使基金经理更换，在最初的一个月，业绩也不会有巨大的变化与波动，这时基金的持仓还都是上一任基金经理选择与确认的。当观察到基金经理更换时，就可以换一个基金进行定投了。

第二种情况，基金规模出现了巨大的变化。基金规模对基金的表现是有影响的，但规模的小变化是无关紧要的，只有在基金规模在短时间内（1–2个季度），出现5–10倍以上的变化才需要注意，且规模超过100亿（这个基金经理的主动管理型基金规模整体超过100亿），则需要更换定投的基金了。基金规模在40亿以下时，差异是不明显的，在40亿–100亿之间会随着基金规模的增大而业绩减弱，在100亿以上时，则明显业绩较差。

如果决定更换定投的基金，则需要做两件事，其一，将原基金全部赎回，买入新基金；其二，在新基金继续按原计划定投。做完这两件事，就可以按照原来的定投计划继续执行。

第6章　基金定投如何止盈？

前文中描述了基金定投为什么可以大概率赚钱，也阐述了基金定投解决了投资中“低买”的问题，但可惜基金定投无法解决“高卖”这一难题。所谓“高卖”就是止盈。

1. 基金定投需要止盈吗？

很多基金定投的宣传页中，都会宣传，“如果定投10年、20年，假设每年的收益是10%，则10年、20年之后可以获得XXX万的财富”。

对于这个说法，我们只能认为它是一种宣传，最好不要按照这个方法去执行。因为股市的收益并不是均匀的，而是集中在某些时间段，可能定投了3年，仅仅勉强能保本，也可能1年就有30%的收益，就看这段时间中，有没有不同规模的牛市了。而10年或20年之后，当这一年你需要把定投结束时，可能不是牛市，那么就比较悲惨了，可能收益会比较低。

案例：一位银行工作的朋友，在2008年就开始立志一直进行基金定投，并且也一直坚持住了，到了2015年股市高点时，最高的收益率达到过150%以上，但随着股灾的到来，收益率快速下降，最低时回到过30%，之后的2–3年，整体收益率也维持在40%–50%左右，对于10年的投资期而言，收益率就比较低了，而这样的低收益率，可能要维持到下一个牛市的到来。

点评　所以傻傻的一直定投，即使准备定投到天荒地老，也是要阶段性止盈的。

2. 怎样的止盈方法是最好的?

从类型上分，止盈的方式就两种，以收益目标为止盈条件，以市场趋势阶段为止盈条件。

第一种，以收益目标为止盈条件。这是最简单也是最清楚的一种止盈方法，在定投之初，就设定一个具体收益的目标，例如10%、15%、50%等，一旦达到这样的目标就结束此次定投，赎回所有的资金。唯一的问题是，收益目标设定为多少更合适。其实，这个数字的设定并没有最好，只是一种取舍。因为，当收益目标的数字设定得比较低，例如15%，则相对容易达到，市场一次正常的上涨，就可以止盈了，投资周期短，利润到手快，但如果某次市场涨幅很大，假设最终涨了50%，那么这种止盈方式就会在收益只有15%时赎回，后面的大块收益就都失去了；当收益目标的数字设定得比较高，例如50%，则必须要等到市场有一次非常可观的涨幅，才有可能达到收益目标，而市场一般的小波动，都无法获得收益了，投资周期会比较长，很多时候都要眼睁睁看着利润出现又利润消失。如果投资者比较怕麻烦而愿意忽略短期的市场波动，则可以将收益目标设定得高，反之，对于初级投资者，则建议设定得低一些，让投资者尽快得到利润。

第二种，以市场阶段为止盈条件。无论设定哪个数字为收益目标，都是在市场趋势出现之前做的决策，确实忽视了市场状态这个关键因素。当然市场状态也是最难判断的，如果对自己的趋势判断能力比较自信，则可以采用此种方法，但如果总是想去预测一波走势的顶点，那么错误的次数还是会更多一些，可能在多数情况下还是在投资之初就直接设定收益率更可靠一些。

但有一种市场状态是不会搞错的，那就是牛市的到来。我们这里指出的“牛市”当然不是什么“结构性牛市”“慢牛”之类的伪牛市，而是股市中几年才会有一次的大牛市、疯牛市。真正的牛市来临时，你能感觉到吗?我相信肯定可以，特别是银行的人员，一定能感受得到，因为大牛市来临时，网点里买基金的人会特别多，尤其是老大爷老大妈来纷纷参与投资，而很多客户想买基金且拦都拦不住时，牛市就是来了。当然市场必须有足够的涨幅，至少从底部能涨一倍。牛市的持续时间也会比较长，至少也要有一年的时间，只要牛市出现，我们一定会感受到的。那么这第二种止盈的方法，就是一直定投到牛市，然后结束，我们称之为“牛熊定投”。这种定投的优点很突出，一轮牛市的涨幅基本都在一倍以上，而且基金本身会比指数涨得更多一些，整体收益会非常高，同时缺点也很明显，等待的时间会非常长，而且没有具体的限定时间，如果定投时间超过 3 年，很可能许多投资客户会选择放弃。从定投设计的角度来看，“牛熊定投”是完全尊重市场的趋势规律，在市场低迷时不断定投加仓，而在市场疯狂之时悄然离场，非常符合投资的基本规律，是非常不错的定投方式。

当然，在牛市中如何止盈，也是一个开心的烦恼。赚着钱，总是开心的，但总是想能够再赚一点。一般来说，有两类牛市止盈的方法。其一，在投资之初就设定具体的收益目标，比如要看到市场上涨 100%–150%，才能收手，这类方法比较适合对市场分析没有太多兴趣的投资者，但要考验贪欲的克制能力；其二，多学点市场的技术分析，特别是大顶出现的特征分析，功力有多深，就能够离顶有多近。

第7章　定投是真正让财富整体快速增长的法宝

无论是对个人还是银行客户的财富增长，股权投资无疑是长期增长的必然选择，但我们总是不愿意面对一段时间的大额亏损，也很难真正做到“在别人恐惧的时候贪婪，在别人贪婪的时候恐惧”，那么对于普通人，怎么才能做到财富的长期稳定增长呢？定投是一种不错的选择。

如果问题是“家庭整体财富的稳定增长”，那么最大的障碍有两种，**投资的收益率与投资金额的家庭资产占比。**

除去赚钱概率高、长期收益可观之外，定投还可以解决一个投资的大问题，就是投资规模。对于多数银行投资客户而言，投资只是整体资产中很小的一部分，只是抱着投着玩玩的心态，能赚最好，亏损也没多少。在这种情况下，即使投资成功，也不过是赚点小钱，可以改善一下家庭生活，给家里添点东西或是全家出去旅游一趟，但这种投资是不能改变生活的，是不可能让家庭生活有一个明显的跃迁。

股市在几年中，总有一次机会、总有一次盛宴，而这样的盛宴是目前很多投资者改变生活层次的重要机会。随着社会阶层固化的日益严重，这样的机会将越来越少。当财富在同一层次时，吃穿不愁，但想过上不一样的生活，却是不可能的。如果希望要让家庭财富出现层次上的变化，就必须要有足够的投入，只有投入的多了，才能赚得多，才能让财富的整体数量出现大幅的变化。

可是很少的人才会敢于投入足够的财富。提问，“**如果前面有一个牛市**

的机会，你敢不敢把自己的身家性命压上去？”绝大多数投资者是不敢的，甚至连家庭可投资资产的一半投入，都会非常犹豫。但如果再问一个问题，“在下一轮牛市中，你想不想多赚点钱？”十成十的投资者都会很愿意、很憧憬。可是，绝大部分的银行客户投资者，现在不关注，也不关心市场的变化，银行人也很少花时间在市场信息上，哪怕每天 10 分钟的关注，可能只有一小部分人做到了，既想要赚牛市的钱，现在又不愿意花时间、花学费，幻想着在牛市开始时刚好能够进入市场，在顶峰又能及时逃出，只能是靠命了。

天无绝人之路，总有一线机会。虽然想赢怕输的心态很难克服，又不能下定决心大笔投入，那么就选择基金定投吧，它会让多数投资者能够坚持下去，而且有比较大的本金投入。每个月（或周 / 日）的缓慢投入，让银行的投资客户更能接受，同时心理学上的“沉没成本”效应也会让客户持续地保持投入，最终迂回地完成了家庭资产投资的重大任务，也间接完成了资产配置中基金配置部分的投入。

1. 定投长期增长的套路一：牛熊定投

问题 1：你相信还会有下一轮牛市吗？

问题 2：下一轮牛市中，你想赚多少钱？

如果第 1 个问题的答案是肯定的，那么你可以考虑进行“牛熊定投”。但第 2 个问题，请注意单位是万，不是百分比，因为如果只投 1 万元，收益是百分之一千，最终的利润也没有多少。“可以给自己设定一个小目标”，很多人会说 50 万或 100 万。梦想嘛，多少数字都可以，但一般 100 万也是很吸引人的利润了。一轮牛市中，赚到 100%–150% 的利润是比较靠谱的，如果想赚 100 万，那么大约需要 70 万 –100 万的本金，折中一下，我们设定本金需要 80 万，即在下一轮牛市开始前，我们需要定投 80 万进入市场，那么在牛市到来时，100 万的利润是可以大概率拿到手的。

那么，离下一轮牛市还有多久呢？虽然我们不能预测出两轮牛市之间间隔几年，但看到上两轮牛市的顶点（2007 年 10 月 16 日，2015 年 6 月 12 日）之间间隔了 8 年。虽然下轮牛市未必那么准确的刚好 8 年，但我们可以先拿这个数字作为计划进行测算。假设现在是 2018 年 6 月，那么离 2015 年 6 月的牛市之顶已经过去 3 年了，同时要预留 1 年作为牛市上涨的时间，还剩几年呢？ 8–3–1=4 年，即 48 个月。我们需要在 48 个月中，将 80 万的本金定投进去，即每个月 16666 元。可能很多人认为，自己的月收入还没有这么高，怎么可能每月定投这个数字。其实，这是一种家庭资产投资的方式，假设目前家庭已经有 30 万 –40 万的存款了，那么可以每月投入 1.5 万作为基金定投，慢慢地将资金注入市场，并非依靠月收入来支撑定投。如果实在无法支撑这样金额的投入，那么也可以减少最终的利润目标，例如将目标降为 50 万，那么每月需要定投 8300 元即可，依此类推。

如果每月定投 1.5 万，牛市也如期而至，当利润真的到了 100 万，就必须出来了，无论这个市场涨到什么位置，拿到自己的预期与目标，就是最好的，贪婪每多一分，就危险一分。这个市场的机会很多，每天都有那么多的涨停板，钱是赚不完的，赚到自己该得的那一份，就是最好的。那么，为什么这 100 万是该得的呢？因为你经受了 5.5 年的痛苦煎熬，经历了 5.5 年的漫长等待，经过了 5.5 年的各种诱惑，这 100 万是应得的，但如果要得太多，可能市场会把这 100 万再收回去。

如果届时，本金 80 万加上 100 万的利润，一共 180 万的资金结束了此次投资，后面应该怎么办？如果家庭有大笔支出，自然无须多说，如果这笔钱真是要长期投资，那么就应该再用 80 个月定投回去。为什么选 80 个月？因为按 8 年一轮，7 年等待来算，就是 84 个月，取整数为 80 个月。当 180 万的本金投入后，等待下一轮的牛市到来，假设下一轮牛市最终得到利润 220 万，本金加利润一共 400 万，怎么办？再一次开始定投之旅，一轮牛熊，一次定投，无穷无尽……什么时候是尽头呢？看寿命了，活得越久，经历的牛熊越多，自然利润就越多，可以作为退休金，也可以作为传承的财富。其实，在很多投资界的神话人物中，为什么巴菲特最终成为了股神，可能原因很多，但活得最久，也是其中的重要原因。巴菲特老爷子，1930 年 8 月 30 日出生，在接近 90 岁高龄时，依然在每天看研究报告，在挑选合适的股票，那么我们准备到什么时候停止投资呢？

定投是一种终生的投资方式，只要牛市还会出现，只要市场依然是一轮接一轮的不断轮回，那么投资就可以持续，这种“牛熊定投”就可以一直重复。

2. 定投长期增长的套路二：子母定投

牛熊定投太久了，有没有更短时间的定投方法？在本篇第 6 章中，详细叙述过定投止盈的方式，对于普通投资者而言，见到利润的时机不能太久，因此设定一个较低的定投止盈数字是比较合适的，5%—15% 区间中的任意一个止盈点都是可以的。

对于整个家庭资产，可以采用子母定投的方式进行管理，如图 6–7 所示。将家庭资产除去保障防御型的资产（保险等），作为母资产，可以投资银行理财产品或货币基金，同时选择多个基金作为子基金。平时，不断地用定投的方式从母资产中抽出资金流入不同的子基金，当某个子基金达到预期收益率后，对该子基金进行全额赎回，则此部分资产流回母资产，并继续进行定投。这种子母基金定投的方式，可以作为长期家庭资产管理的优选方法。

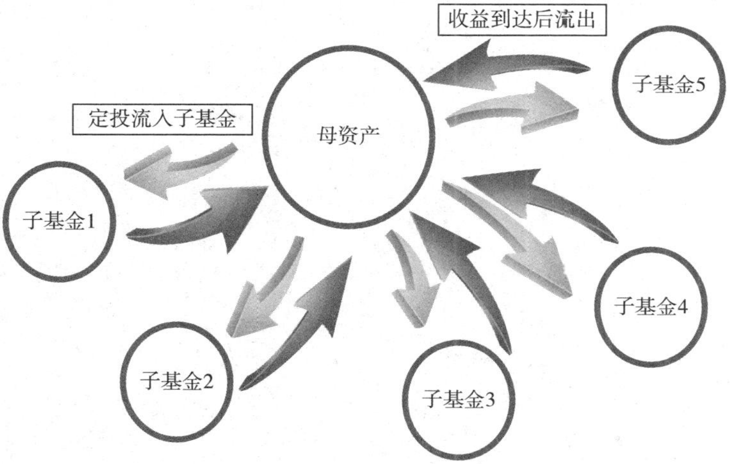

图 6–8　子母定投示意

其中，定投的频率可以任意设定，月定投、双周定投、周定投、日定投都可以；单次定投的收益率预期不宜过高，一般不建议超过 15%；子基金的个数，一般建议 3–5 个，如果月定投数额巨大（例如月定投 10 万以上），可以考虑10个；一个月的定投金额或资产的比例，可以与收益率预期挂钩，一般收益率预期越高，单月定投的资产占比就越低，例如收益率预期为5%，那么建议可以维持20个月定投，每月总定投金额不超过总资产的5%；而收益率预期为10%，则建议可以维持30个月定投，每月总定投金额不超过总资产的3.3%；而收益率预期为15%，则建议可以维持50个月定投，每月总定投金额不超过总资产的2%。

此种子母定投的方式，不用关注市场，只需要在收益达到目标时及时赎回，并开始下一轮定投管理，省心省力。对于客户而言，在经历了初级定投的洗礼与教育之后，可以采用此种方法，通过不断地定投管理，使得整体资产的收益率非常可观，而且省去了关注市场的劳心劳力。

part 07

第七篇

基金业务的共赢繁荣发展

基金是普通银行客户投资的重要渠道，而随着家庭财富的不断增长，普通客户的投资需求也在不断增长。作者在第一篇中指出，银行与基金公司在利益链是处于不同的位置，双方的利益点并没有得到良好的结合，使得基金销售服务的方式应该不同。其实，这只是在存量利益上的博弈，如果从基金业整体发展的角度与高度来观察，银行、基金公司、客户是三位一体、螺旋上升、共赢发展的关系。

第1章　银行、基金公司、客户的共赢发展

股权投资日益成为客户的投资刚需，这个需求在未来肯定会更加强烈。客户在基金投资时，付出了基金申购赎回费、基金管理费、基金托管费，收取未来的收益；基金公司收取基金管理费，付出投资后的收益；银行则收取基金申购赎回费，付出客户服务。客户总是抱怨各项费用太高，而基金公司总是希望客户永远能够持有基金，银行则是希望客户赚钱并且持续产生业务收入。似乎在存量的蛋糕上，三者的利益不能得到统一，但站到增量的高度上，三者的利益是一致。

什么是增量呢？就是客户在基金投资上的资金量。如图7-1所示，截至2018年6月30日，公募基金的管理规模已经达到12.75万亿元，但货币基金占总量的60.7%，而股票基金只占可怜的5.76%，混合基金占13.72%。我们从图中可见，货币基金的数量一直增长，而股票型基金与混合型基金的规模在2015年第二季度的下降后，3年中几乎没有增加。大量的家庭可投资资产依然在货币基金与银行理财产品中，如果股票基金与混合基金的占比提升1%，所有的基金公司都会受益。只有客户基金投资的整体蛋糕不断膨胀，才能使得整个行业受益。同时，有更多的资金进入这个市场，才会让整个市场更加活跃，才会有更多的长期赚钱效应，才会从根本上保持市场的繁荣稳定。那么，如何让客户的家庭可投资资产能够大量进入市场呢？银行可以。在整个投资链条中，银行与客户的纽带是最强的，银行对客户的说服掌控力也是最坚实的，而客户对于银行的高度信任也是客户逐步放大投资资金的根本。

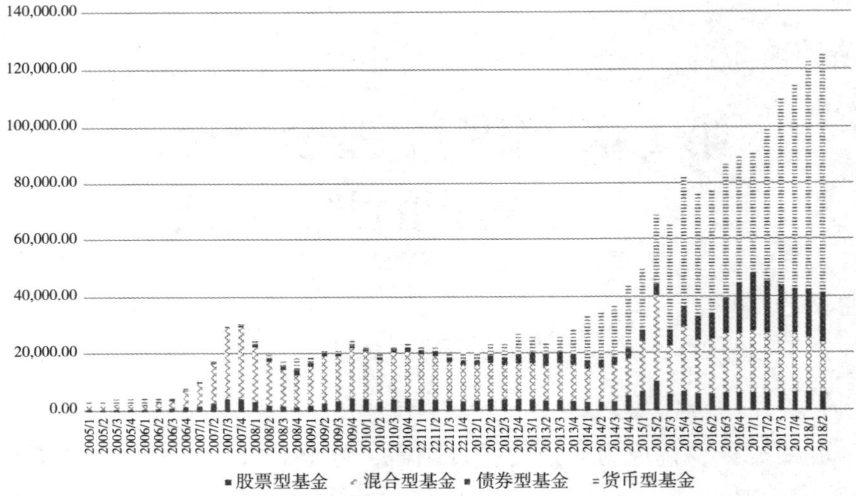

图 7–1　各类基金规模增长情况

可能有人会认为，只有市场的上涨才能吸引更多的投资资金进入。上涨确实能够吸引资金，但这种烈火烹油、脉冲式的资金涌入，只能让市场如彗星般的闪烁，然后熄灭，留下一地的狼藉。如果资金能够以更加稳定的方式、更加稳定的速度，缓慢地进入市场，那么市场会更加的稳定而健康。谁能够不断地说服客户将家庭可投资资产不断地加投入市场，银行可以。

其实在本书的前 6 篇中，似乎每一个方法都是站在银行的角度，如何让客户进行短期基金交易，如何让客户在有收益的情况下离开市场，似乎可能因为这种短期交易行为让整个市场更加不稳定，让投资者更加短视。其实各种交易意见的不同，就是市场的常态，有人认为会跌，有人认为会涨，市场才会有交易，这种微观层面的交易是无法同步的，自然也不可能对市场造成系统性的冲击。但客户的基金投资经验与习惯却需要这种短期的交易进行培养。

如何才能培养一个人的信心与兴趣，不断的成功，也只有不断的成功，才能让人对某个事物的兴趣不断上升。就像一个家庭中，做菜的人只有不断地受到正面的评价，才会不断地做好新的好吃的，如果在前几次尝试中被认为做菜难吃，那么可能就会认为自己没有天赋而放弃；一个拳王，一定是在不断击倒对手中成长起来，如果第一场就被人打得鼻青脸肿，可能就没有后来了；一个画家，一定是在初期的小作品中，就受到好评，才会一路向前，成为大师。这种成功，被称为是“正反馈”，在不断受到正反馈后，才会有更大的精力、时间投入，从而产生更大的成功。

银行是客户家庭投资的顾问，客户在很大程度也信任银行的推荐与建议，而银行也应该在中国基金投资客户的培养与成长中起到应有的作用。无数银行的业务成功，都证明了一点，只有不断地让客户参与、尝试，不断地让客户得到收益，不断地让客户得到正反馈，才能让客户接受基金，接受基金投资作为家庭投资的渠道。

那么，能不能通过不断地教育投资者，以资产配置为投资思想，无论市场如何，都坚持、坚定的投资？在过去的十数年中，基金公司，甚至是全社会都一直在采用这种方式，效果并不明显，至少股权型基金的总规模并没有因为时间的推移而不断增加，只是跟随着市场的暴涨暴跌而剧烈起伏。人，是一种短视的动物，人群也很难为了一个远期的目标而始终坚持住眼前的困难，就像是一个人想要减肥，虽然知道减肥后可以有很多的好处，但面对眼前的一顿美食，却很难有自控力。既然过去的方法效果不明显，那么我们为什么不尝试其他方法呢？

基金公司不断地提倡“长期持有”，也可以视为一种短视行为，为了保持目前的规模而赚取不少于目前的管理费用。但如果能够让基金投资客户赚到一些前期的投资收益，更加接受与认可基金投资，投入的总金额大大超过过去的总和，那么基金公司整体会得到更大的资金管理规模，也获得更多的管理费用。

因此，本书的目标，就是希望满足客户的短视需求，达到培养客户投资习惯的目的，改变银行的基金业务模式与理念，不断减少客户的谨慎与恐惧心态，让基金公司放弃短视的行为，最终形成投资体量的大增加，形成银行、客户、基金公司的三方共赢体现。

第2章　银行基金业务发展的两条路径与统一

银行基金业务的开展，需要从两个层面与路径进行着手，分别为精英理财经理的波段式操作、全部网点的基金定投长期管理。业务团队总是会形成梯队，业务开展也总是根据网点的情况与人员的能力进行划分。波段式操作的优势是，体量巨大、总业绩高、可控制性强，弱点是对营销人员的市场分析能力、客户控制能力都有较高的要求；基金定投长期管理的优势是，对市场的波动不敏感，对营销人员的专业能力无明显要求，操作机械，适合业务普及，且业务收入长期而稳定，弱点是总业绩量并不高。

从业务发展的角度，两者是可以并行发展，且能够优势互补。所有网点的基金定投业务，可以在全行形成基金业务的氛围与意识，也能够为波段式操作提供优质、适合的客户群体；精英理财经理的波段式操作，能够极大地提升一小部分有相关天赋员工的专业能力，成为全行零售理财业务的专业领袖，引领全行理财专业能力的提升。这种并行的发展，是基金业务全面发展中的两条路径，但又是相互统一的方法。

1. 路径一：精英理财经理的波段式操作

从银行的角度看待这条发展路径时，一定要有一种意识，在发展的初期只有一小部分人可以快速上手、快速进步，不要妄想全员覆盖、全员提升。投资毕竟是比较复杂的事情，精英式培养反而会更加快速些。但请注意，这一小部分精英理财经理的业绩很可能会远远超过原来所有人的基金业绩总和。

那么如何对这类员工进行合适的培训与提升呢？建议采用高淘汰率的精英筛选方法。领导认可或指定的人，可以作为备选者，但真正的精英理财经理一定是在实战中成长起来的。

第一步：在全辖理财经理范围，选出10–30人，如果辖内理财经理数量较少，初选人数不超过总比例50%，如果辖内理财经理数量众多，初选人数也不超过40人。务必把对市场很不熟悉、对技术分析没有兴趣的部分人员剔除在初选名单外。

第二步：将初选人员组成整体团队或小团队，每周聚会一次，组织学习与讨论，并组内通报周业绩/阶段总业绩与下阶段的目标计划、实施方案。

第三步：在3–6个月的时间范围内，淘汰30%人员。可以以专业能力或业绩为淘汰标准，但专业能力部分，只淘汰特别差的部分，而主要以业绩强弱为淘汰标准。

第四步：在接下去的3–6个月中，再淘汰一部分队员，只留下初选人员的一半，作为精英理财经理团队。但此团队依然保持3–6个月的部分淘汰与替换制度，给团队内成员一定的压力，给团队外成员重新加入的机会。

第五步：对精英理财经理团队，进行持续的专业能力与市场能力的培训，坚持每周的聚会学习制度，坚持每周的资产配置产品与策略的全辖分享，坚持基金波段操作的提前公布，引领全辖内营销人员的联动。

耗费一年时间，打造十分之一的精英理财经理，带动大批的优秀理财经理，形成波段式操作的梯队机制，拉动辖内基金业务的快速、健康、可持续地发展。针对这支团队管理中，可以用引领的方式，给予充分学习自由与培训资源倾斜，并提出阶段或全年的业绩要求，给予相应的业绩激励，形成良性发展的循环。

2. 路径二：全部网点的基金定投长期管理

全部网点的普适性推广是银行管理层的拿手好戏，从领导开会重申活动的重要性，到制定活动的激励方法，到活动的阶段调度与督导，运动式基金定投活动的基本定式被实践证明为非常有效的。如果要进行全部网点的基金定投活动启动，也应该遵循这种有效的方式，特别是活动的初期。那么，与之前运动的区别就是，在活动中，必须加上基金定投业绩的软件输入与预警设置，同时银行基金业务的管理层，必须在过程中不断地重申此项要求，并在软件的后台管理平台进行每日的督导、监控与通报。

整个基金定投的活动中，**良好的初始启动是比较关键的**。首先，要注意整体启动氛围的树立与形成，前期的启动会、领导的重视，以及活动安排与激励措施都要充分传达，并对此次基金定投活动的不同之处进行充分的宣导与讲解，尽力消除前期相似活动造成的负面影响；其次，在全网点统一行动的过程，优先选择一部分比较活跃而有潜力的网点进行重点关注与重点督导，以部分网点带动周边网点，以部分网点引领全辖网点；再次，基金定投活动的准备工作要充分，特别是活动中基金组合的挑选、相关宣传材料、产品话术营销话术，在活动前传达，并要求全网点的相关营销人员进行提前熟悉与必要的演练。

持续的推动与新现问题的解决是基金定投活动深入开展的必然保障。一般基金定投活动持续 1–2 周，在整体推动过程中，一定会有部分网点反应不积极、营销过程遇到各种困难等问题。纯粹地强调网点员工积极性，纯粹地要求任务完成率，是不合理的方式，应该在运动持续进行中，深入一线网点营销现场，了解并解决基金定投推进过程中所遇到的问题，让此类网点能够有明显的提升与改变。而活动持续时间中，保持每天的关注度与持续的热情是必要的环节，无论是微信群的动态发送、领导的及时鼓励与点赞、各种案例的员工分享，都是非常好的手段与方法。

基金定投户数与金额的同时追求。基金定投户数增长是为了扩大基金的基础客户，而基金定投金额的提升，是业绩增长的保障，两者中前者可以看到未来，而后者是当下的业绩要求，都不可偏废。基金定投户数增长，特别是新增户数增长，需要有诸多新客户的加入，可以从网点厅堂流量客户中寻找，大堂经理、柜员都可以成为营销的主力军，同时微信端的加大营销，扩大影响范围；基金定投金额的快速提升，则需要大额定投的辅助，可以由理财经理主导，在 VIP 客户群体中深入沟通，达成月定投万元以上的销售。在基金定投活动中，可以对网点不同岗位提出不同的要求，发挥本岗位的客户接触优势，达到基金定投活动最大的效果。

长期追踪管理的方法与思路在活动中的不断植入。基金定投的活动已经开展了无数次，但这次最重要的是在基层营销人员的内心中植入“基金定投需要长期追踪管理”的理念与动作。银行基金业务的管理层，一方面必须先了解与熟悉基金定投的长期管理方法、流程、工具，另一方面，要在基金定投活动中不断地重复两个动作，即在基金定投营销成功后，要填入相应软件进行止盈管理，在软件提示盈利达到后要求客户马上止盈。这个动作会持续很长时间，就需要银行基金业务的管理者能够坚持追踪、坚持管理，否则整个活动又会回到原来的老路上。

这两条路径是银行基金业务发展的较为合理，且并行不悖的方法。从局部的突出与全局的覆盖，从理财梯队的基层到精英的培训，从基金基础客户到基金投资大客户，形成从低到高、从简单到复杂的银行基金业务发展全景图。

第 3 章　银行基金业务开展的层次与路径设计

基金代理业务越来越成为各个银行的零售支柱业务，但更多的银行依然在基金销售的道路中困惑前行。那如何让基金业务从零基础起步，一步步地迈向基金业务的繁荣稳步开展呢？我们将整个过程分解为三大阶段，分别为起步阶段、爆发阶段、繁荣阶段，每一阶段需要重点做什么呢？

第一阶段：起步

困难：员工对基金业务不熟悉，没有推荐或维护的经验；客户比较保守，对于基金投资比较反感；领导对于基金业务不熟悉。

目标：培养员工的知识体系、实战经验、从业资格；培养一批基金客户；让银行系统内的同事对于基金有一定的了解，让领导有信心推动基金业务并给予一定的资源倾斜。

第二阶段：爆发

困难：员工对基金熟悉，也给客户推荐过基金，但不论是自己还是客户均有亏损的情况，都处于休眠状态；基金业务经过多轮运动，似乎没什么新办法了。

目标：让休眠客户动起来，让休眠员工动起来，突破销售瓶颈。

第三阶段：繁荣

困难：基金销售陷入瓶颈，销售优秀者一直优秀，销售较弱者一直无起色，但优秀者很难大幅提升；基金销售靠天吃饭，市场高涨，销量就能大幅增加，市场低迷，销量就大幅下降。

目标：基金业务持续繁荣，无论牛熊都有巨额的销售业绩。

每个不同的阶段，都会对应不同的培养方式与手段，下面介绍一些比较成熟的成长路径，可以作为不同银行不同水平的参考。

1. 起步阶段的方式与活动

在起步阶段中，最核心的问题就是培养，培养员工、培养客户、培养团队领导。在这三大条件都不成熟的情况下，基金只能靠天吃饭，甚至在市场良好的情况下，都很难有基金销量的大幅增加。

处于这个阶段中，需要相当长的时间，需要有耐心，即使有银行上级的支持与推动，也需要 1–2 年的时间。当然，如果是少数标杆网点率先突破，可以把阶段时间设定为半年。

在这个阶段中，有诸多动作与活动可以加速整体进程。

① 针对一线营销员工

学习与培训：以内部培训与自学为主，需要学习的知识体系包括基金的基础知识、基金交易基础知识、对部分银行总行的重点持续营销基金池的产品学习。

实践与实战：自己参与基金交易，包括自己有一只到数只的基金定投，参与买卖过基金。

考试认证：可组织大规模基金从业资格考试，系统性地学习相关知识。

② 针对基金业务管理部门

学习与培训：以外部培训与参观交流为主，需要学习的知识体系包括业务熟悉类（基金运作机制、基金质地透析方法、基金业务活动开展与流程）、专业知识（宏观经济分析与框架构建、市场分析方法等）、业务培训方法（基金定投网点培训推进方法、不同岗位基金业务分工协同策略、分利润策略与工具等）。

实践与实战：自己参与基金交易；结合银行任务目标，定期举办数次基金业务推进活动，在活动中寻找基金业务人才，积累基金业务推进经验。

推进要求：必须给一线员工完整的话术与客户异议相对方法；给出明确的基金组合方案、基金定投方案；给出明确的基金买入与赎回建议。

考试认证：投研师考试。

③ 针对业务主管领导

沟通内容：沟通基金业务对中间业务收入的贡献度；基金推动活动内容与效果；基金业务对客户维护的作用与效果等。

实践方式：让领导参与基金投资，从基金定投开始，在市场机会良好时可以尝试直接买入基金。

④ 针对网点客户

沟通内容：资产配置的理念、基金的基础知识、基金投资风险等。

实战内容：小额基金定投，小额短期的基金投资。

培养目标：有一次或数次的基金赚钱体验。

⑤ 基金业务推进活动建议

形式：低风险基金作为熟悉工具，以货币基金、债券基金为练习对象；高风险基金可以进行小额度的尝试，以基金定投为主要推荐。

推动方式：以低风险首发基金为阶段活动；以高风险基金的定投活动，考核定投新增数量。

在第一阶段起步过程中，最核心与紧急的目标是主管领导的重视与基金业务人才的发现。任何一项业务在各网点中，都不可能是平衡发展的，一定会有部分网点与部分员工会展现出相应的天赋与能力，从而脱颖而出。而基金业务的特殊性会造成部分网点员工的业绩可以覆盖甚至超越大部分网点的业绩总和，呈现“二八现象”甚至“一九现象”。所以，对于基金业务而言，“尖刀”的作用不但可以有标杆带领，甚至可以直接支撑起基金业务的大部分任务，必须作为业务发展过程中的重中之重来对待。

2. 爆发阶段的方式与活动

虽然努力避免亏损，但在起步阶段，由于各方的经验不足，以及市场可能出现的波动与问题，总会造成部分网点的客户亏损以及部分银行营销人员的信心崩溃。同时，可能因为基金业务在推进中，过于强调首发基金的销售，造成了一线营销人员忽视基金持续销售能力的培训，只会盲从地进行营销，而将日常销售完全抛却。

在这一阶段中，银行员工对于基金不再陌生，或多或少参与过基金交易，有了切身的体验与感受；银行客户在不断的财经新闻冲击与自身基金买卖过程中，对于基金的认识已经有了基础，对于基金的风险有了一定的了解，在营销过程中减少了投资者教育的环节；银行领导对基金业务有进一步了解，对于基金活动的支持与结果预期有了实际的感受。这些进步，本身是困难，也是进阶的基础。

由于在整个业务的推动与销售过程中，少了很多员工培训与客户教育环节，使得活动推动变得容易而流畅，而这个阶段最缺乏的是大家热情与信心的唤醒方法。一旦认可了基金业务推进的方法，基金业绩很容易在短期内出现大幅度的爆发。

在这个阶段中，有诸多动作与活动可以加速整体进程。

① 针对一线营销员工

学习与培训内容：基金质地分析、基金筛选与诊断、基金持续追踪方法与工具使用、基金客户活动、基金客户维护方法、基金销售八字功法、基金定投滚动销售方法等。

实践与实战：日常基金亏损客户邀约、诊断，基金客户活动组织、实施、效果反馈，基金客户的波段操作实践、基金定投客户的高效批量管理。

② 针对基金业务管理部门

学习与培训内容：投研师团队建设与日常运营流程，投研师相关知识与市场分析能力，基层网点基金业务培训内容与方法，基金业务推动方式、基金业务活动策划等。

实践与实战：投研团队组建与运营，基金业务持续推动与活动开展。

③ 针对业务主管领导

沟通内容：沟通基金业务对中间业务收入的贡献度；基金业务的支持力度与资源匹配力度。

实践方式：在基金活动中感受基金业务发展的方式与效果，持续开展不同种类的基金活动。

④ 针对网点客户

沟通内容：基金诊断、基金调换；投资纪律与基金投资风险。

实战内容：大额基金定投以及滚动运行，直买式基金投资。

培养目标：与自身资产匹配的投资规模。

⑤ 基金业务推进活动建议

形式：从基金亏损客户的基金诊断开始，积累基金活跃客户，激发员工的基金销售热情；减少低风险基金活动，努力将沉淀在货币基金、债券基金的资金激活；以高风险基金为主，大范围推广基金定投滚动方式，在有条件的网点进行基金波段操作。

推动方式：考核基金整体销售与中间业务收入，投研团队引领波段操作，普及各网点基金定投的规模与数量，推动部分网点的波段投资规模。

外部推动：可通过“基金训练营”的方式集中进行知识传授与能力提升。

在这个阶段中，最核心的问题是运用正确的基金业务发展方式与基层基金业务运作模式，进行基金业务能力的大幅提升，并将休眠客户与丧失信心员工进行激活，同时初步建立起投研团队与基础运营流程机制。这是目前多数银行所处的阶段，问题与困难很多，但基金业务的基础已经非常扎实，重点就是转变思路、拓展方法，建立一整套管理运行机制与模式，为基金业务的持续繁荣打下基础。这个阶段中，会有一批优秀的网点管理者率先认识到基金业务的重要性与开展方法，从而形成部分网点的基金业务优势；也会有一批优秀的理财经理率先掌握了基金业务持续开展的诀窍与路径，能够持续地激发客户的投资热情，并产生巨量的基金销售业绩，作为基金业务的先行者，要好好保护他们的热情，运用各种激励手段与方法，持续为其他网点与营销人员提供标杆与榜样。

3. 繁荣阶段的方式与活动

在这个阶段中，要将局部的基金业务繁荣向全局繁荣进发，是先进带动后进，是机制逐渐成熟的过程。在这个阶段的演进过程中，是如何把个人与个别网点的经验进行泛化处理，从而形成普适的方法论进行全面推广，进而固化为业务发展机制与规章，使得业务不因人而兴、因人而废。所以，这个阶段的工作重点在普及化与制度化。

虽然部分网点与理财经理已经掌握了正确的基金营销方法，但由于其自身的总结能力欠缺，导致其他网点或理财经理认为这些基金业绩优秀是因为其个体能力的差异，从而自身缺乏基金业务进取的信心与动力。这就需要基金业务管理部门进行及时的经验总结与泛化模式提炼，并将其中的偶然性因素去除，留下可复制的模式与方法论，从而形成可推广的一般性方法。

同时，由于银行内部的员工流动性较大，岗位的轮换与调离也是常态，那么如果将总结形成的经验进行固定、固化，是需要长期解决的问题。这个问题必须要有领导的支持、文件的形成、执行手册的推广等，需要多方面的工作才能将之前的努力与成果真实形成长期的繁荣基础。

在这个阶段中，很多固化工作与银行自身的机制、规则有关，个性化较强，但有些通用的方法叙述如下。

① 针对一线营销员工

学习与培训内容：各类基金新知识新产品、基金持续追踪方法与工具使用、基金客户活动、基金销售八字功法、基金定投滚动销售方法等。

实践与实战：基金投资竞赛，基金客户活动组织、实施、效果反馈，基金客户的波段操作实践，基金定投客户的高效批量管理。

② 针对基金业务管理部门

学习与培训内容：不同市场环境的防整体风险策略，投研师团队高效运营，投研师相关知识与市场分析能力，基层网点基金业务培训内容与方法，基金竞赛活动策划等。

实践与实战：投研团队组建与运营，基金业务持续推动与活动开展。

经验总结：基金业务推广手册、基金业务经验总结等文案工作，并广泛修改与推广传播。

③ 针对业务主管领导

沟通内容：基金业务经验总结的执行手册，基金持续推动的资源倾斜，投研团队的持续培养与成果呈现。

实践方式：文案总结、修改、推广，上报上级机构树立典型。

④ 基金业务推进活动建议

形式：持续基金客户维护活动，定期基金诊断与基金调换；继续树立基金业务典型，推广业务发展经验；持续发挥投研团队的交易引领作用，聚集大批基金投资客户。

推动方式：考核基金整体销售与中间业务收入，投研团队引领波段操作。

此阶段中，最终能够达到的目标是辖内网点的基金业务全面繁荣发展，销量不论市场牛熊、稳定攀升，各基层网点根据自身的擅长选择基金业务发展的方向，或是大规模管理基金定投客户，或是团队方式推荐中端客户基金投资，或是引领部分高端客户基金投资，销售总量远超其他银行同期业绩。当基金业绩在一段时间内能够较为稳定的发展时，必须考虑人才流动与人事调换造成的基金业务起伏，将之前的经验总结、方法工具都以文字、业务发展制度的方式固化，这样才能保持行内基金业务的始终繁荣。

图书在版编目（CIP）数据

基金业务的螺旋闭环：银行基金业务宝典／戴鹏杰，潘珂著．--北京：经济日报出版社，2019.1

ISBN 978-7-5196-0443-1

Ⅰ．①基…　Ⅱ．①戴…　②潘…　Ⅲ．①商业银行-基金-销售-研究-中国　Ⅳ．①F832.33

中国版本图书馆CIP数据核字（2018）第289241号

基金业务的螺旋闭环——银行基金业务宝典

作　　者	戴鹏杰　潘　珂
责任编辑	高　远
责任校对	徐建华
出版发行	经济日报出版社
社　　址	北京市西城区白纸坊东街2号A座综合楼710
邮政编码	100054
电　　话	010-63584556（编辑部）
	010-63538621　63567692（发行部）
网　　址	www.edpbook.com.cn
E-mail	edpbook@sina.com
经　　销	全国新华书店
印　　刷	北京鑫瑞兴印刷有限公司
开　　本	710×1000 mm　1/16
印　　张	13.75
字　　数	140千字
版　　次	2019年3月第一版
印　　次	2019年3月第一次印刷
书　　号	ISBN 978-7-5196-0443-1
定　　价	50.00元